U0935070

中国少数民族人口丛书

瑶族

翟振武 主编

俸代瑜 黄仲盈/著

中国人口出版社
China Population Publishing House
全国百佳出版单位

图书在版编目（CIP）数据

瑶族/俸代瑜，黄仲盈著．—北京：中国人口出版社，2013.6（2022.7重印）
（中国少数民族人口丛书）
ISBN 978-7-5101-1828-9

Ⅰ.①瑶… Ⅱ.①俸… ②黄… Ⅲ.①瑶族—民族文化—中国 Ⅳ.①K285.1

中国版本图书馆 CIP 数据核字（2013）第 126789 号

中国少数民族人口丛书　瑶族

ZHONGGUO SHAOSHU MINZU RENKOU CONGSHU　YAOZU

翟振武　主编　俸代瑜　黄仲盈　著

责任编辑　张宏文
美术编辑　刘海刚
责任印制　林　鑫　王艳如
出版发行　中国人口出版社
印　　刷　北京兴星伟业印刷有限公司
开　　本　710 毫米 ×1000 毫米　1/16
印　　张　12.25　插 1
字　　数　164 千字
版　　次　2013 年 6 月第 1 版
印　　次　2022 年 7 月第 2 次印刷
书　　号　ISBN 978-7-5101-1828-9
定　　价　45.00 元

网　　址　www.rkcbs.com.cn
电子信箱　rkcbs@126.com
总编室电话　(010) 83519392
发行部电话　(010) 83510481
传　　真　(010) 83538190
地　　址　北京市西城区广安门南街 80 号中加大厦
邮　　编　100054

序

如果把一个民族比作一颗星星，那我们就是生活在一个繁星满天的世界。当今世界上有约3000个民族，分布在200多个国家和地区，绝大多数国家由多个民族组成。中国也是同样，是由各族人民共同缔造的统一的多民族国家。在漫漫的历史长河中，生活在中华大地上的各族人民密切往来、交流融合、团结奋斗、休戚与共，形成了一个伟大的强盛的中华民族大家庭，共同开发了祖国的美好河山，共同推动了国家的发展和社会的进步。

在中华民族的大家庭中，有56个成员，其中有55个是少数民族。新中国成立以来，少数民族人口一直持续增长。1953年第一次全国人口普查时，少数民族人口总数为3532万人，占全国总人口的6.1%。2010年进行第六次全国人口普查时，少数民族人口总量达到了1.14亿，几乎是1953年的3倍，占到了全国13.4亿人口的8.5%。各少数民族人口数量相差较大，如壮族有1693万人，回族1059万人，满族1039万人，维吾尔族1007万人，而赫哲族只有5354人，塔塔尔族3556人，独龙族6930人。中国各民族的人口分布呈现大散居、小聚居、交错杂居的特点。汉族地区有少数民族聚居，少数民族地区也有汉族居住；许多少数民族既有一块或几块聚居区，又散居全国各地。中国少数民族聚居区大都地广人稀，资源富集。少数民族地区的草原面积，森林和水力资源蕴藏量，以及天然气等基础储量，均超过或接近全国的一半。全国 2.2 万多公里陆地边界线中的 1.9 万公里在民族地区。全国的国家级自然保护区面积中民族地区占到 85%以上，是国家的重要生态屏障。中国各民族的起源和经济、社会、文化的发展有着本土性、多元性、多样性的特点，五彩缤纷，丰富多彩。

要全面认识中华民族，就要从认识每一个民族开始。正是从这个理念出发，我们编写了这套《中国少数民族人口》大型系列丛书，力图从历史、文化、经济、社会等各个方面，用准确、科学、生动的语言，全方位描述和展现各少数民族灿烂辉煌的历史和现状，编织出一幅绚丽多彩的中华民族大家庭的“全家福”。

编写这样一套大型系列丛书，难度非同一般。几经论证和深入研讨，最终形成了编写大纲，这套丛书各个分卷的作者绝大多数由少数民族作家担任，他们不仅熟悉自己民族的历史和文化，而且对本民族有深厚的感情。在国家新闻出版总署、国家人口计生委和中国人口出版社的大力支持下，作者们历经数年，几易其稿，终成此书。值此丛书出版之际，我们衷心地祈愿这幅“全家福”能为民族的交流和团结，为中国的文化建设，为整个中华民族的繁荣昌盛，作出一份微薄的贡献。

翟振武

2012 年 5 月于北京

PREFACE

Every nationality sparkles like a star in the firmament. Now we have about 3000 stars distributed across the world in more than 200 countries, most of which are multinational. So is China, which consists of a number of nationalities. For centuries, all the nationalities have lived together, worked together and fought together, making China a prosperous unified multinational country.

Of all the 56 nationalities in China, 55 are minorities whose population has been increasing since the founding of The People's Republic of China. According to the first census in 1953, the minority population was about 35.32 million, accounting for 6.1 percent of China's total population. By 2010, the number had almost tripled. According to the sixth census, the population of the minorities amounted to 114 million, making up 8.5 percent of the 1.34 billion people in China. The population size of minority groups varies a lot. Some of them have a large population, for example, the Zhuang Nationality has a population of 16.93 million; the Hui has 10.59 million people and the Manchu consists of 10.39 million people. Some of the minorities are quite small, such as the Hezhe, the Tatar and the Drung nationalities, which have populations of 5354, 3556 and 6930, respectively. China's nationalities live together over vast areas with some living in individual, concentrated communities in small areas.

Some minorities' concentrated communities are scattered among the Hans, and some Han people also live in the minority communities. Some minorities may have one or more concentrated communities, while their people spread all over the country. Most minorities' concentrated communities have their people sparsely distributed in large areas with abundant resources. The grassland, forest, water and natural gas reserves in areas inhabited by minority people account for about half of China's total. Further, 19 000 kilometers of the nation's 22 000-kilometer land boundary are in minorities' communities. In addition, 85 percent of the country's state-level natural reserves are in the minority areas, making the people important guardians of China's ecology. Each of the nationalities' origin is unique, and their development of economy, society and culture is full of variety.

Only by learning every aspect of the minorities' lifestyle can we have a comprehensive understanding of the Chinese nation. Under this notion, we write this series of books on the Population of China's Minorities to provide a detailed picture of our Chinese nation, with the glorious past and prosperous present of the country's minorities.

It is through trials and tribulations that we write this spectacular series of books. Most of the authors, who have profound knowledge of the minorities and wrote the books with their strong emotions, are members of minority groups. With the great support of the National Publication Foundation, the National Population and Family Planning Commission and China Population Publishing House, the authors completed the books after years of unremitting endeavor.

On the publication of this series of books, we are looking forward to seeing these books contribute to the unity of the Chinese nation and help our country flourish in the future.

Zhenwu Zhai
Beijing
May 2012

目录

Contents

综　述

鼓舞瑶山

山是伟岸的，是深厚的，更是深邃的。

族是古老的，是淳朴的，更是睿智的。

鼓是雄浑的，是苍劲的，更是穿越的。

舞是轻盈的，是深情的，更是追忆的。

所以，深邃的山、睿智的族、穿越的鼓、追忆的舞，就这样血脉相承，这样生死相依，这样不舍不弃。

所以，就有了“南岭无山不有瑶”，有了“瑶不离鼓”，有了“鼓不离舞”。

这就是瑶族，中华民族大家庭中的一员。据 2010 年第六次全国人口普查数据显示，全国共有瑶族 2 796 003 人，主要聚居于广西、湖南、广东、云南、贵州等省（区），其中，广西壮族自治区 1 493 530 人，占全国瑶族总人口的 53.42%，为全国瑶族最主要的聚居地；湖南省 713 191 人，占全国瑶族总人口的 25.51%；广东省 276 266 人，占全国瑶族总人口的 9.88%；云南省 219 914 人，占全国瑶族总人口的 7.87%；贵州省 40 879 人，占全国瑶族总人口的 1.46%；另外约有 2%的瑶族分居在全国各地。

这是一个古老的民族，从遥远的黄河、长江源头走来，跨越南岭莽莽群山，与水共绵长，与山永恒古：黄河、长江，是瑶族最远古的祖源之地；九黎、三苗，是瑶族最悠远的族脉记忆；蚩尤、伏羲兄妹，是瑶族最原始的血缘传承；盘王（盘瓠）、密洛陀，是瑶族最恒久的宗亲根衍。于是，就有了“十二姓瑶人”，有了翻山越岭的身影，有了遍布全世界的足迹。迁徙，再迁徙；向南，再向南。一路风尘仆仆，一路欢歌载舞，一路风雨兼程。

这一路，穿越岁月，传承族脉。瑶族最初称为“徭”，为何称“徭”，史上说法不一，普遍的观点认为与“徭役”有关。早在唐初，姚思廉所著的《梁书·张缵传》中就记载：“零陵、衡阳等郡有莫徭蛮者，依山险为居，历政不宾服。”这里所谓的“莫徭”，即不事徭役，这是史料记载的最早的瑶族的称呼。后来的《宋史·蛮夷列传》也载：“蛮徭者，居山谷间……不时赋役，谓之徭人。”周去非在其《岭外代答》中也称：“徭人者，言其执徭役于中国也。”另一种观点认为，瑶族源于远古商朝时代的“尤人”，原始居地在今黄河下游与淮河流域之间，“徭”为“尤”的音变，所以，“尤人”即为“徭人”。无论何种说法，从此，“徭”开始成为一种族称，成为一种跨越历史的族群的凝聚力。新中国成立后，根据本民族的意愿，将“徭”改为“瑶”，瑶族便成为固定的族称。

这一路，沿山而徙，以山为居。作为典型的山居民族，瑶族大部分居住在高山林区、大石山区，也有少部分居住在丘陵和河谷地带。东起广东乳源五岭山脉，西至云南勐腊、金平哀牢山，北起湖南永州九嶷山和辰溪山区，南达云南河口大围山和广西防城港市十万大山，这片广袤的山区，是瑶族长期生活、生存和发展的区域。其中，南岭、十万大山、都阳山、雪峰山、罗霄山、六韶山、哀牢山等山脉，重峦叠嶂，山高林密，溪涧纵横，坡谷起伏，既造就了一方水

土，也孕育了一方瑶民。特别是南岭山区，更是我国瑶族重要的聚居地。

这一路，踏水涉洋，逐梦海外。频繁的迁徙，使瑶族人成为“中国的吉普赛人”。自明朝中叶开始，瑶族就开始自发向海外迁徙，先是迁徙至越南、泰国、老挝、缅甸等东南亚国家；20 世纪 70 年代中期，受印支半岛动乱的影响，居住于老挝等地的瑶族人被迫逃入泰国，后又以难民的身份被分别安置到美国、法国、加拿大等国家。这样，久而久之，欧美国家就成为新时期瑶族人自由迁徙选择的目标和方向，瑶族也因此成为一个散布亚、欧、美三大洲的世界性民族。

这一路，虽然步履蹒跚，虽然颠沛流离，虽然愈走愈远，但“瑶”的称呼，却始终是瑶族千百年来共同的坚守：因为记忆中，有那魂牵梦绕的“千家峒”；因为生活中，有那激情欢悦的“盘王节”和“祝著节”；因为传承中，有那血脉相连的“盘王歌”与“密洛陀”。

那千家峒，是“十二姓瑶人”的故地，也是千百年来瑶族一直都在追寻皈依的圣地。但千百年来，关于千家峒确切的地理位置，却是众说纷纭，无法统一：一说在海南岛，一说在浙江会稽山，一说在湖南的洞庭湖，一说在湖南江永县的桃川峒，一说在广西灌阳县的伸家峒，一说在湖南临湘市龙窖山……一切都源于传说，一切都有待于瑶族子孙后代踏山涉水去找寻。正因为千家峒在瑶族的心目中如此神秘、神奇、神圣，所以，无论是浪迹天涯，还是逐梦海角，祖源依然是记忆深处最真最亲的根。所以，无论岁月如何嶙嶙峋峋，生存如何磕磕绊绊，总有一种血缘，愈久愈浓；总有一种亲情，愈念愈深；总有一种归程，愈远愈近。

那盘王节、祝著节，是瑶族文化传承的纽带，也是瑶族愉悦生命的盛宴。因为祖先盘瓠上山狩猎，被羚羊顶下山崖身亡，于是子孙就猎杀羚羊，剥其皮，制成长鼓，击鼓祭祖，载歌载舞，久而久之，就有了一年一度的盘王节，有了漫山遍野的追思；因为始祖母密洛陀造天地山川、造日月星辰、造花草树木、造飞禽走兽、造世间人类，于是，关于宗恩的所有记忆，就汇集于每年农历五月二十九日这一天，以一种感恩、激越的方式，虔诚追忆，崇仰祭奠。所以，无论是身居何处，心居何方，这一天，总有一种皈依的脚步，一种虔诚的心情，从天涯海角，从四面八方，如此聚群而来，如此簇拥而至。这是一种感恩，也是一种缅怀，更是一种传承的欢悦。

那盘王歌、密洛陀，既是瑶族关于族脉承袭的记载，也是瑶族关于天地万物起源的昭示。这歌里、这诗中，不仅记载了瑶族社会发展最初阶段的生活和斗争图景，也留下了瑶族先民在童年时代对宇宙万物、人类社会的种种解释和看法，从中我们可以了解到瑶族那艰辛的历史及其社会经济状况，领略到瑶族那原始、神秘而又丰厚的风俗习尚，体味到瑶族那高尚的伦理道德情操，探触到瑶族那坚持不懈追求光明前景的幻想。这，不但是瑶族的伟大史诗，也是瑶族的精神支柱，千年传唱，千年承袭。所以，即使物换星移，沧海桑田，这一路的艰辛跋涉，这一路的世间万象，这一路的悲欢离合，总会以一种根性的记忆方式，以一种超乎想象的生存态势，以一种血浓于水的生命韧性，世代传唱，世代沿袭。

于是，就有了祝著节上那激越、追忆的歌声："走过密洛陀用银子铺成的路，走过密洛陀用金子搭成的桥，来到密洛陀用汗水育出的树林，来到密洛陀用双手抹平的山坳，敲起密洛陀送给的铜锣铜鼓，唱起密洛陀传下的笑酒撒旺（指的是瑶族的笑酒歌），赞颂密洛陀造就万物的恩情，歌唱我们劳动、爱情的欢笑……"这歌声，正跨越历史，穿越时光，以一种欢愉、穿透的力量，溢满了瑶山的千山万弄。

于是，就有了瑶族地区的民族区域自治。第一个瑶族自治政府是1951年1月广西蒙山县人民政府成立的岭祖（今属广西壮族自治区金

秀瑶族自治县忠良乡）瑶民自治区人民政府。这是自盘古开天辟地以来的第一个瑶族自治政府。此后，又相继成立了大瑶山东南乡瑶族自治区、全县东山瑶族自治区等，不仅开创了瑶族人民当家做主的先河，为后来其他民族自治政府的建立积累了经验，也开始了瑶族主要聚居地区区域自治建设的历程。目前，全国已经建立了广西壮族自治区的金秀、都安、巴马、富川、大化、恭城，广东省的连南、乳源，湖南省的江华，云南省的河口 10 个瑶族自治县，并相继建立了 113 个瑶族乡，其中：湖南省有 50 个，广西壮族自治区有 45 个，贵州省有 7 个，广东省有 6 个，云南省有 5 个。①今天，曾经历尽磨难、备受曲折的瑶族，正以一种崭新的姿态，神采奕奕地行走在新世纪的康庄大道上。

于是，就有了瑶族聚居区独具特色的产业群。“过了一山又一山”、“食尽一山则他徙”，这是瑶族旧社会游耕经济的具体写照。或许，历史上，瑶族之所以能够免除徭役，确因其先祖助先王杀敌有功，于是得以准其后代子孙“蠲免国税夫役”（瑶族《过山榜》中讲述瑶族先祖盘瓠因助评王杀高王有功，得以评王御赐其后代子孙免除徭役赋税，因此，历朝历代瑶族均以此为由，拒绝向中央朝廷服徭役和贡赋纳税）；或许，正因为瑶族“入山唯恐不高，入林唯恐不深”，游离于封建王朝的管辖之外，所以中央朝廷的徭役赋税才不上其身，不强其愿。但一个事实是，瑶族这种随处迁徙，逢山则垦，垦尽则弃的落后的生产方式一直延续到新中国成立前夕。今天，莽莽群山、郁郁密林，已经转化成为瑶族发展经济的优势，昔日贫瘠、落后的瑶山，已经变成“长寿之乡”、“香猪之乡”、“月柿之乡”、“观赏石之乡”、“椪柑之乡”、“编织之乡”、“油茶之乡”、“蚕丝之乡”、“刺绣之乡”……各种生态农业、特种养殖业、特色产业正在助推着瑶区经济的快速发展。

于是，就有了丰富多彩的瑶族文化体系。在物质文化上，有金秀

---

① 奉恒高主编．瑶族通史（下卷）．民族出版社，2007：1277～1282.

的茶山瑶民居、富川的风雨桥、江华的宝镜古瑶寨、临桂宛田瑶族乡的东宅江寨等著名古建筑；有瑶斑布、瑶族服饰、瑶族银饰、瑶族挑花、瑶锦、丝带、从边等色彩斑斓、造型美观的传统饰品；有长鼓、黄泥鼓、铜鼓、陶鼓、猴鼓、大鼓、牛角号、竹筒琴、床头琴、瑶铃等民间乐器。在非物质文化上，有盘瓠、密洛陀、千家峒等口头传说和史书典籍；有以歌传情、以歌娱人、以歌娱神、以歌传经、以歌育人的民族歌谣；有长鼓舞、黄泥鼓舞、铜鼓舞、开山舞、猴舞等民间舞蹈；也有浆染、靛染、蜡染、刺绣、挑花、织锦等传统技艺。在节日文化上，自1992年起，至2010年，南岭地区已经成功举办了十一届盘王节活动。盘王节不仅成为南岭地区一个盛大的传统佳节和独具风采的文化活动，而且也成为一个集经济、旅游、贸易等于一身，促进区域间合作与发展的平台。祝著节，不仅是桂西北地区瑶族的一个盛大节日，而且也成为当地民族文化旅游的一个品牌。

于是，就有了那雄浑激昂的鼓声，有了那漫山遍野的舞姿。因为，鼓是民族之灵，能够传谕神灵、通达神旨，承载民族的精神，传递民族的传统文化；因为，舞是民族之魂，能够诠释历史之源，传承生息之脉，昭示信仰之光，延续民族之源。

布努瑶与他们的铜鼓　（李桐摄）

所以，鼓是族脉之源。因为，祖先密洛陀诞生于鼓之中，鼓就是祖先的精血，是祖先的魂核，是祖先的元神。鼓与祖先，总是相交相

融。鼓是传承之音。因为，祖先盘瓠是在狩猎时被羚羊撞下山崖的，以羚羊皮蒙做鼓面，制成长鼓，敲击长鼓，是为了祭奠先祖，也是为了传谕子孙后代。

所以，舞是鼓之精灵。那如痴如醉的舞姿，是为了谢祖酬神，是为了遣神召灵，是为了愉悦生命，也是为了生存祈福。舞，总与鼓相伴相随。芸芸众生，滚滚红尘，一切的浮躁世情，都能够在这古老、神秘、虔诚的舞中得到满足，寻得化解，如实皈依。

所以，在瑶山，那铿锵激越的鼓声，是生命的最强音；那虔诚魅丽的舞步，则是一个民族历史的全部演绎。

鼓舞瑶山，情归瑶山。

就这样，一个叫作“瑶”的民族，正伴着鼓声，踩着舞步，风尘仆仆地、欢呼雀跃地穿越时光，向着时代，向着未来，坚实、自信、自豪地走来。

第一章

我本古老一民族

这是一个古老的民族，有如天一样的深邃、地一样的厚实、山一样的亘古、水一样的绵长。说瑶族古老，是因为它的历史可以追溯到古史传说中的与炎帝黄帝争雄的蚩尤九黎时代；是因为它的族脉，从九黎到三苗，从南蛮到莫徭，在不断的交往、交流、交融中生存、发展、传承；更是因为它的足印，以黄河为源头，以岭南为脉络，一路向南，一路迁徙，翻山涉水，走遍全球。

第一节　源自“九黎”“三苗”时期的古老民族

让我们穿越重重叠叠的历史，去掀开瑶族那古老的记忆吧。

“先有瑶，后有朝。”或许，这只是流传于民间的民谚；或许，这只是瑶族对于祖源的一种悠久记忆与无比尊崇；或许，这也只是瑶族千百年来秉承的民族自豪感与世代相承的民族凝聚力。但悠悠岁月，绵绵时光，淘尽今古，更替新旧，无论容颜如何皱褶，生命如何轮回，总有一种血脉亲情，与瑶族如此风雨相伴，不舍不弃。

瑶族的历史是悠久的，是曲折的，也是坚韧的。有关瑶族发展源

流的争论至今在学术界没有停息过：[①] 一说起源于“长沙、武陵蛮”，湖南的湘江、资江、沅江流域及洞庭湖沿岸地区是其原始居住地，又有人将之扩大至湖北、四川、贵州、江西、安徽、河南、陕西等省的部分地区；一说起源于“五溪蛮”，湖南、贵州为其原始居住地；一说起源于“山越”，今江苏、浙江一带是其原始居住地，而会稽山（今浙江绍兴）和南京十宝殿（又说十宝店）是其主源之地；一说起源于“长沙、武陵、五溪蛮”和“山越”的多元融合；一说来源于“古摇民”，东南沿海一带为其原始居住地；一说来源于“古尤人”，黄河下游与淮河之间为其原始居住地。如此众说纷纭，彰显了瑶族起源的纷繁与复杂，这也许就是瑶族千百年之所以如此神秘、如此丰润、如此悠远的原因之一吧。

但有一种观点是比较一致的：瑶族的远祖，可追溯至距今五六千年的炎帝、黄帝时期的蚩尤九黎集团，是蚩尤九黎集团的后裔与湘江、资江、沅江流域及洞庭湖沿岸的土著民族融合而成的。所以，多元融合，一直贯穿着整个瑶族的发展史。那么，先让我们将追忆的思绪停留在中国古史的传说时代。古史中，中国曾经存在过三大部落集团，即炎黄集团、百越集团和九黎集团，其中：炎黄集团居于黄河中上游地区，百越集团居于东南沿海地区，而九黎集团则居于黄河、长江中下游地区。三足鼎立，烽火四起，适者生存，强者称雄，这是人类社会的传承法则。蚩尤统领九黎集团时，为争夺中原地区，与起源于黄河中上游地区的炎帝部落发生冲突，双方战于“涿鹿之阿”，史载：“蚩尤乃逐帝，争于涿鹿之阿，九隅无遗。”[②] 结果炎帝大败被逐，九黎集团占据了黄河中下游全部区域。此后，九黎集团又与东进的黄帝部落发生了战争：“轩辕之时……蚩尤作乱，不用帝命，于是黄帝征师诸

---

① 关于瑶族的来源详见张有隽著．瑶族历史与文化．广西民族出版社，2001：19～21.

② 逸周书·尝麦篇．

侯，与蚩尤战于涿鹿之野，遂擒杀蚩尤。”[①] 此次，九黎集团战败，蚩尤被擒杀，其部众除了一部分臣服于黄帝集团，后来融入了华夏族，其主体部分则越黄河南下，重新寻找生存栖息之地。

有关蚩尤的记忆深深地铭刻在瑶族的祖源脉络中。在布努瑶的传说中，蚩尤是其远祖，“洛立”[②] 为祖源之地。传说布努瑶始祖密洛陀在创造了第一代九位大神后，搬到“洛立”居住，又创造了第二代九位大神，即九位父老，老大叫阿升，即蚩尤。传说中，蚩尤是古代的一位战神，力大无穷，能拉千斤钹，挺九百九十九斤重大弓弩，是九兄弟的首领，掌管着九兄弟的兵权，以“洛立城邑”为大本营。“蚩尤”、“洛立”在布努瑶的《祭祀歌》、《迁徙歌》、《送祖归原歌》中都有传唱。[③] 而蚩尤与炎帝的战争，也一直在布努瑶的传唱中延续：九父老在“洛立”住下，与住在附近的炎帝部落因猎场问题发生了矛盾，从而引发战争，炎帝不敌善用弓弩的九父老，落荒而逃。九父老因追逐炎帝从“洛立”迁到阪泉（今山西省运城一带），而炎帝则逃到涿鹿。经过休整，双方于五月二十五日至二十八日在涿鹿爆发大战，此役，九父老请来风伯、雨师助战，以檑石、刀棍、弓弩等为武器，彻底打败了炎帝。为了庆祝胜利，布努瑶就将每年的农历五月二十五至六月三日定为“达努节（祝著节）”，杀牛宰羊，欢歌载舞，以此来歌颂九父老的丰功伟绩。[④] 不仅如此，广西马山县古寨、古零一带的布努瑶还流传着民间舞蹈《兴郎铁玖舞》，此舞又称蚩尤舞，演绎的就是蚩尤的故事。就这样，九父老与九黎、蚩尤与布努瑶，依靠千百年来悠远的祖源记忆，形影相随，一脉相承。

---

① 史记·五帝本纪.

② “洛立”在今河南洛阳市境内，详见韦标亮主编．布努瑶历史文化研究集．贵州民族出版社，2003：19.

③ 韦标亮主编．布努瑶历史文化研究集．贵州民族出版社，2003：18～19.

④ 奉恒高主编．瑶族通史（上卷）．民族出版社，2007：89～90.

布努瑶“祝著节”跳铜鼓舞　（李铜摄）

南下的九黎部落，长期跋涉，到达了江淮地区，经过休养生息，又重新崛起，在距今四五千年前，形成了一个新的、势力强大的部落集团，即“三苗”集团，并与占据着中原地区由炎黄集团演化而成的尧、舜、禹集团进行长期的对抗。“三苗”，又称苗、苗民，包括众多的部落、氏族，其分布的范围和活动区域据《战国策·魏策》载：“昔者三苗之君，左彭蠡之波，右洞庭之水，汶山在其南，衡山在其北。”《韩非子》也载：“三苗之君不服者，衡山在南，岷江在北，左洞庭之波，右彭蠡之水。”两者说法虽然有差异，但大体都如《史记·五帝本纪》所说的“三苗在江淮荆州”之地，即长江中下游之湖北、湖南、江西、安徽相连接地区。[①] 史籍在论及三苗集团与尧、舜、禹集团之间的战争时，多认为三苗集团不遵古训，犯上作乱，如《尚书·吕刑》载：“若古有训，蚩尤始作乱，祸及平民……苗民弗用灵，制以刑。”《国语·楚语》载：“三苗复九黎之德。”《史记·五帝本纪》也载：“三

① 奉恒高主编．瑶族通史（上卷）．民族出版社，2007：91～92．

苗在江淮荆州数作乱。”我们无暇去考究两大集团之间的战争谁是谁非的问题，但自尧开始对三苗的战争，历经舜、禹，前后延续了近200年，过程惨烈，史载：“昔者三苗大乱，天命殛之，日妖宵出雨血三朝，尤生于庙，犬哭于市，夏冰，地坼及泉，五谷变化，民乃大振。高阳乃命禹于玄宫，禹亲把瑞令，以征有苗，四电诱抵。有神人面鸟身，若瑾以待。搤矢有苗之祥，苗师大乱，后乃遂几。”[①] 经过与尧的征伐之后，三苗集团彻底瓦解了，其部众一部分成为夏人的奴隶："黎、苗之王，夏、商之季，永世为隶，不夷于民。”[②] 一部分留在原地，后来融入了华夏族；其余的部分再次南迁，隐匿山区，“放允兜于崇山，以变南蛮”。[③] 从此，三苗集团等各种有关“苗”的称呼从史籍上消失。

关于瑶族与三苗集团的亲缘关系，《瑶族通史》[④] 中列出了九条，将其略概如下：一是三苗与瑶族先民均属于蚩尤九黎、三苗之后；二是先秦以来史籍所载的三苗，往往又被称为南蛮，而瑶族先民本属于南蛮集团；三是经考古发掘，广泛分布于长江中下游地区的屈家岭新时期时代文化遗址，为三苗集团亦即苗瑶先民的文化遗址；四是三苗集团及其相关称呼消失后，在原三苗集团活动的地方出现了荆蛮、南蛮，此为盘瓠后裔的先民；五是三苗集团因战争等原因被迫由东向西南、由北往南迁徙的路线与瑶民先民迁徙的路线相同；六是苗瑶共一语族，与汉民族共同保留有先秦古汉语的一些音素乃至词素，说明苗瑶民族均为起源于中原的民族；七是史载三苗集团“髽首”，“髽首”即以麻束发，此为苗瑶民族共有的习俗；八是苗瑶民族都有信鬼重巫的习俗，所谓苗族有“三十六堂神、七十二堂鬼”之说，而瑶族也有

① 墨子·非攻篇．

② 国语·周语．

③ 史记·五帝本纪．

④ 奉恒高主编．瑶族通史（上卷）．民族出版社，2007：95～96.

“十八大神”、“大堂鬼”；九是史载“苗”字由“由”字衍化而来，《说文解字》解释：“苗，蓨也。从艸，由声。”可见，苗民亦由民，今瑶族自称由民、尤绵，“尤”与“由”同，故“三苗”称谓有瑶的称谓成分。所以，正因为以上缘由，我国民间就常有“苗瑶一家”之说，“三苗集团”系被学术界公认的苗瑶两族在未分离前的共同祖先。“三苗”之后，继续向南迁徙，产生了许多分支，但总体上归属于史籍中所谓“蛮”、“戎”、“狄”、“夷”中的“蛮”族系列，而秦、汉时期的“长沙、武陵蛮”以及后来的“五溪蛮”等都被后世认为是瑶族相对比较确认的先祖。

为了从科学的角度弄清楚瑶族的族源，广西瑶学会曾经与上海复旦大学合作，在瑶族地区进行了瑶族人群的DNA抽样调查，对调查样本进行了基因分型，通过对瑶族和苗族以及其他民族人群Y染色体的比较分析发现，瑶族、苗族、畲族人群的Y染色体十分接近，属同源异流族群。由此，“瑶族是一个起源于黄河、长江中下游的民族，其主要来源是古代的九黎和三苗，是从九黎集团和其后的三苗集团的一个分支发展而来的”理论更是有了现代科学的依据。

瑶族，这个古老、勤劳、坚韧的族群，从远古九黎的脐源，一路流淌着蚩尤的血液，从古老三苗的怀抱，沿途承袭着不息的族脉，以它独特的情感方式、生存勇气和生命意志，就这样，风尘仆仆，星月兼程，正铿铿锵锵、热热闹闹、欢呼雀跃地向着我们走来。

第二节　创世传说

每一个民族的来源，都有一个美丽的传说。没有祖源传说的民族是不可想象的，也是不能源远流长的。因为传说，祖先的形象才如此的高大与尊崇；因为传说，祖源之地对于子孙后代才如此魂牵梦萦；因为传说，浪迹天涯的灵魂，逐梦海角的生命，才一路走得如此坚实，如此铿锵；也因为传说，宗族之核、传承之脉，无论如何迁徙穿越，如何颠沛流离，都能如此聚合，如此相依相存，如此生生不息。

传说总带有浪漫主义的色彩。瑶族民间内部，也有关于本民族来源的传说，其中以“盘瓠”（盘王）传说流传最广、影响最深，也最为人熟知。关于“盘瓠”，有研究将其视为神话，因为其带有夸张、神奇的成分；也有人将之视为传说，因为其口头传承，世代流传（农学冠等著的《瑶族文学史》将盘瓠列为神话，而吴永章著的《瑶族史》则将盘瓠视为传说）。但无论神话抑或传说，“盘瓠”都是瑶族历史发展中不可绕过的章节，也是瑶族群众祖源记忆中最深、最亲、也最真的根。

虽然，不同区域、不同支系有关“盘瓠”传说的具体内容有一定的差异，但主旨都是相同的，即认可“盘瓠”为本民族（或支系）的开山鼻祖。其大致内容是说：远古时候，评王当政，有一次，皇后娘娘忽染耳疾，百般医治都没有效验，痛了整整三年。后来，太医从皇后耳中挑出一形似蚕子的金虫，长约三寸，虫一经挑出，皇后耳疾随即消失。皇后甚觉神奇，便将此虫用瓠盛着，再用盘子罩住，不料，须臾之间，盘瓠里的金虫变成了一只遍体锦纹、五色斑斓、眼亮毛滑、银光闪闪的龙犬，异常机灵和神奇。因龙犬是由盘和瓠里变出来的，于是取名“盘瓠”。评王见了“盘瓠”，非常喜欢，日常出入，任其跟随，寸步不离。后来，有高王来侵，双方久战不下，于是评王发出榜文，许诺如有能斩高王首级来献者，愿将公主许配给他。满朝文武知道高王兵强马壮，无人敢领命出征，高王来犯更加猖獗。一日，评王发现朝夕相随的“盘瓠”不见了，派人寻找亦不见踪影。原来，“盘瓠”见无人揭榜，便暗自决定踊跃前往。经七日七夜漂洋过海，来到高王帐中，高王知“盘瓠”乃评王身边喜爱之物，见其来投，非常高

兴，认为这是“猪来贫，狗来富”，于是对左右臣属说：“龙犬来投，是评王灭亡的好兆头。”于是也将“盘瓠”随带身边。一日，高王游百花园归来，酩酊大醉，沉睡床上。“盘瓠”见四周无人，便猛扑上去，咬下高王头颅，返身跃入大海，回到评王宫中。评王正处于忧虑不安之际，忽见“盘瓠”衔高王首级而归，不禁大喜过望，便拟如诺将公主许配给他。但几个公主嫌“盘瓠”非人，都不愿嫁。评王深恐失信于民，甚为着急，“盘瓠”乃口吐人言对评王说，只要将他置于金笼中蒸七天七夜，他就可以转化成人。评王诧异，命人依言而行，“盘瓠”果真化身为人。评王于是将三公主许配与他，并在宫中完婚。婚后，派人安排车辆，满载金银珠宝布帛，送“盘瓠”夫妇到南京会稽山安居。数年后，“盘瓠”夫妇生下六男六女，评王知道后，十分高兴，传下圣旨，敕赐六男六女为十二姓王瑶子孙，并封“盘瓠”为“南京会稽山十宝殿王”。这十二姓王瑶子孙世代繁衍，发展成为后来的瑶族，“盘瓠”因此被奉为瑶族的始祖。

“盘瓠”传说不仅广泛流传于瑶族地区，还对后世瑶族的文化产生了深刻的影响。至20世纪五六十年代进行民族社会历史大调查时，在桂、湘、粤等省区的瑶族民间，还普遍传唱以讲述民族历史和歌颂盘王功绩为主要内容的“盘王歌”，过以祭祀和欢娱为主题的“盘王节”，穿戴寓有纪念盘王含义的服饰，使用与盘王故事有关的器物，忌食狗肉以表示对盘王的敬畏……崇奉盘王已成为瑶族传统文化的核心内容。

瑶族普遍信奉“盘王”，但在广西壮族自治区的都安、巴马、南丹一带的布努瑶民间，却流传着关于始祖母“密洛陀”的传说。“密洛陀”在布努瑶中被称为创世之母，是她创造了天，创造了地，创造了日月星辰，创造了飞禽走兽，当然，也创造了人类，所以，为了感激她的恩德，每年的农历五月二十九（传说这一天为“密洛陀”的生日），布努瑶都要举行隆重的祭祀活动，共同欢度“祝著节”。

东兰布努瑶祝著节节日打铜鼓　（李桐摄）

“密洛陀”传说主要流行于广西壮族自治区红水河流域的布努瑶民间，虽在具体内容上各地有一定的差异，但其大意却是一致的：远古时候天地未分，在混沌的宇宙间沉睡着一个女神，经过九千九百九十九年，女神从一声霹雳中醒来，她就是万物之母密洛陀。密洛陀醒来之后，先用肩将宇宙往上托成了天，用脚往下踏成了地，用左眼造太阳，用右眼造月亮，抛彩裙上天作云，抛珍珠上天作星星。后来，密洛陀因风受孕，生出了罗班、卡亨、昌郎也、昌郎义等九位大神。然后，密洛陀派这些神分别造出山河田地、飞禽走兽、花草树木。万物形成之后，由密洛陀亲自造人，她将各种蜂蜡捏成人形放进四只箱子里密封起来，后来这些蜂蜡全部变成了人，马蜂蜡变的人叫布卿，他的后人发展为汉族；黄蜂蜡变的人叫布羌，他的后人发展为壮族；蜜蜂蜡变的人叫布苗，他的后人发展为苗族；古蜂蜡变的人叫布努，他

的后人发展为瑶族。布努瑶于是尊奉密洛陀为人类始祖，每逢节庆婚丧，必祭密洛陀。传说农历五月二十九是密洛陀的生日，是布努瑶民间最隆重的祝著节，布努瑶举族欢庆、祭祀，以示纪念，至今仍在布努瑶地区长盛不衰。

有关“密洛陀”的事迹记述在神话史诗《密洛陀》中。《密洛陀》融神话、创世、英雄为一体，是目前所发现的瑶族最完整、最宏大的史诗，是瑶族先民解释天地万物起源的“百科全书”，被称为“杂密”，即“万事之本”之意。迄今为止，已经整理出版的史诗《密洛陀》共有三个版本：一是由壮族诗人莎红在20世纪50年代收集整理的，《民间文学》（北京）1965年第一期刊出，1981年由广西人民出版社出版的单行本；二是由潘泉脉、蒙冠雄、蓝克宽等人收集整理的，共3300行，刊于1980年都安文化局编印的《民间文学》第一期上，其中部分章节收入1982年由上海文艺出版社出版的《瑶族民歌选》中，1986年全文收入由广西民族出版社出版的《广西瑶族社会历史调查》第七册；三是由蓝怀昌、蓝书京、蒙通顺等人收集整理的，共14 000余行，1988年由中国民间文艺出版社出版。[①]《密洛陀》实际上就是布努瑶的一部民族编年史，从“密洛陀”与她的儿子们创造天地万物到与外族战争失败后被迫迁徙流浪，再到各个支系分居各地繁衍生息，一路迁徙，一路传承。

除了“盘瓠”、“密洛陀”传说，瑶族民间还广泛流传着祖先与洪水作斗争的传说，在湖南、广西、云南、贵州等地都有流传，如“人是怎样来的”、“伏羲兄妹”、“兄妹成亲”、“姜发果”、“张乐园”、“八孔与雷公”、“张天师与雷王”、“淹天底”等。这些传说虽然篇名不同，但内容相仿，都是讲天下发洪水，除了两兄妹之外，其他的人都被淹死了，后来两兄妹相互婚配，繁育后人，其中，以“伏羲兄妹造人”

---

① 蒲朝军、过竹主编．中国瑶族风土志．北京大学出版社，1992：404.

传说较为典型。

远古时候，张公和雷王斗法，雷王斗败被擒。张公因有事情外出，临出门时，特别嘱咐其子女伏羲兄妹不能给雷王水喝。待张公走后，雷王装出口渴难忍的模样，请求伏羲兄妹给一点水喝，伏羲兄妹想起父亲临出门前的嘱咐，没有给。雷王便使诈说，渴得实在受不了了，如果不给水的话，给一点点潲水（即喂猪的水）也行，伏羲兄妹见其可怜，不知是计，就舀了一点潲水给他喝。雷王口一沾水，马上就从捆绑中挣脱出来了，他在临走前，从口中拔出一颗金牙，交给伏羲兄妹，并对他们说："你们马上把这颗金牙种到菜园里，七天后它就会长出一个大葫芦，到时候会涨大水，你们躲到葫芦里，就会没事的。"说完，雷王一闪就不见了。伏羲兄妹按雷王所说的，将金牙种到菜园里，这金牙竟很快地长出藤蔓来，而且在藤蔓上果真结有一个小葫芦，并快速地长大。这时候，天空中突然电闪雷鸣，下起了倾盆大雨，这雨连下了七天七夜，眼看着就要把整个大地淹没了，伏羲兄妹赶紧躲进已经长大的葫芦里，随葫芦在洪水中漂流。过了七七四十九天，这场洪水终于消退，伏羲兄妹从葫芦里出来，发现世界上其他的人都被淹死了，只剩下他们兄妹两个了。为了重新繁衍人类，伏羲兄妹在一神龟的指点下相配成婚，结为夫妻。后来，他们生下一个肉团，妹妹很生气，把肉团剁碎，随手到处抛撒，不料，这些碎肉抛到哪里，哪里就有了人类。

"伏羲兄妹造人"在各地瑶族传说中也稍有差异，如流传于金秀大瑶山的传说是兄妹产下肉团之后，将其剁碎，拿到山上去撒，撒落在山坳的，变成了坳瑶；撒落在茶林里的，变成了茶山瑶；撒落在糁子地的，变成了山子瑶；撒落在花竹篮的，变成了花蓝瑶；撒落在山里的，变成了盘瑶。从此，大瑶山就有了五种瑶族。而流传于广西壮族自治区龙胜一带的，讲的则是兄妹产下肉团后，将肉团砍成三百六十四

块，每一块变成一个人，一个人一个姓，共有三百六十四个姓，于是，世上就有了人类。[1] 伏羲是中国远古传说中广为人知的人物，汉文史籍中多有记载，类似的传说在汉族民间也有流传，而在瑶族的洪水神话中，“伏羲”这一名字也频繁出现，所以，瑶族民间有关“伏羲兄妹造人”的传说不排除受以上汉文史籍影响的成分。但由于其传说的年代久远，且具有一定的神话色彩，其真实与否，更难以评判。

也许，传说只是一种追忆中的意象，总带有一种浪漫主义的情调，虽遥远，却又如此临近；虽古老，却又如此熟稔。关于祖先的传说，很多时候，可以为我们诠释千百年来一直萦绕在脑海的问题：我们从哪里来？我们到哪里去？这是一种根性的传承，正因为如此，虽然历经迁徙，虽然世代流浪，但瑶族的族脉，却从来没有中断过，以它超乎想象的生命力，繁衍生息，代代相承。

第三节　徭——瑶源流

在我国众多少数民族中，拥有悠久历史者不在少数，但拥有悠久历史且名称一贯者却并不多见，瑶族即是其中之一。

有人说，瑶族这种名称始终如一的韧性可以称为“形散而神不散”。或许是因为它颠沛流离的生存发展史，或许是因为它踏千山涉万水的蹉跎岁月，又或许是因为它逐浪海角、追梦天涯的流浪足印，一生迁徙，一世游走，尽管来路被时光深埋，但同祖同宗、叶落归根的记忆却愈来愈明晰。

这种根脉传承最初来源于远祖神话。“盘瓠”的血脉，最终衍生了武陵、长沙等诸蛮。所以，瑶族最初称为“蛮”。当然，这里的“蛮”是相对于中原华夏族的少数民族先民的统称，不独为瑶族的称呼。但

---

① 蒲朝军，过竹主编．中国瑶族风土志．北京大学出版社，1992：431～432.

"蛮"在各种汉文史籍中一直同瑶族相生相伴，如《粤述》引《风俗通》曰："蛮类有八，一曰：'侥蛮'，戎类有六，一曰'尧戎'。若然，则今瑶人盖蛮戎之种类也。"《周书·异域上·蛮传》载："蛮者，盘瓠之后。"《舆地纪胜》卷一七四也称："蛮者，盘瓠之种。"即使到了宋朝，"瑶"字开始运用于瑶族的称呼，但也与"蛮"字相结合使用，如以"蛮瑶治蛮瑶"、"桂阳监蛮瑶内寇"。[①] 即使瑶族珍藏的《过山榜》，也自称为蛮，如越南瑶族珍藏的一份《过山榜》就载，盘古王分成十二支，其中："第二支到湖广山区，称湖蛮；第三支到洛阳，称唐胡蛮；第四支上北山，称为秀阳蛮；第五支入云南山区，称为高贤蛮；第六支到越南山区，称为小板蛮；第七支到陕西山区，称为蓝靛蛮；第八支入桂林山区，称为八姓尊蛮；第九支入三当山区，称为三当蛮；第十支入云南山区，称为庄子蛮；第十一支入福建山区，称为白裤蛮；第十二支入贵州山区，称为芭蕉蛮。"[②] 可以说，无论是他称还是自称，"蛮"字都在瑶族的发展史上占据了很长的时间。

这里，"蛮"主要是作为一种异类而有别于中原的文明正统，但也因远祖"盘瓠"的传说，为后世搭建了一种与中原文明相连接的结构和实体。第一，"盘瓠"为评王龙犬，处于隶属于中国古帝王的地位，这或许在一定的程度上隐喻了瑶族先民与中原华夏族的从属关系；第二，"盘瓠"为政治当权者建立功勋，在这一基础上，通过迎娶公主等一系列程序，确立了同中原社会体系之间的交往关系；第三，六男六女的诞生，奠定了瑶族各宗支的始祖，同时也在语言、习俗等开始了汉与蛮夷的文化界限；第四，遁入深山，由此，决定了族群世代的山居及分地而居的迁徙生活；第五，因从汉族政治统治者处取得身份和特权的保障，取得山地自由使用权和免除各种租税的权利，这就为后

---

① 宋史·蛮夷列传（卷四九三）.

② 转引自奉恒高主编．瑶族通史（上卷）．民族出版社，2007：106～107.

来“莫徭”称谓的出现奠定了历史的基础。所以，瑶族先民最初是杂糅于蛮夷体系之中的，与中原文化构成了两种不同的而又在长期的历史进程中保持相对恒久共存的关系，一方面，两种体系之间有着社会、文化的不同境界的划分；另一方面，又要维持建立在保障双方生存基础上的互通有无的共生关系。这种体系，借助远祖的神话传说具体地表现出来。

而与中原文化，特别是与中原王朝的联系，最直接、也最能体现其中的从属关系的，就是纳税与徭役，但由于远祖“盘瓠”助评王杀敌有功，后辈子孙获得评王敕赐“蠲免国税夫役”，所以，以政治因素而名族，瑶族从此与“瑶”结下了不解之缘。应该说，瑶族之“瑶”，不是瑶族的自称，而是外族——主要是汉族，或者说是中原王朝——对他们的称谓，最初是与徭役相关联的，所以，“瑶”字最初为“徭役”之“徭”。

“徭”最早作为一种族称而出现于汉文史籍，始于唐初姚思廉撰的《梁书·张缵传》：梁大同九年（543 年），“张缵改为使持节，都督湘、桂、东宁三州诸军事、湘州刺史，至州，停遣十郡慰劳，解放老疾吏役，及关市戍逻先所防人，一皆省并。州界零陵、衡阳有郡有莫徭蛮者，依山险为居，历政不宾服”。[①] 这说明，南北朝梁时，“莫徭”已经开始成为瑶族的称谓。实际上，这里还是以“蛮”来称呼瑶族，这种“蛮”，是“不征徭役的”，即“莫徭”。此后，魏征等人于唐初（636 年）所修撰的正史《隋书·地理志下》作了更进一步的记载：“诸蛮本其所出，承盘瓠之后，故服章多以班布为饰……长沙郡又杂夷蜒，名曰莫徭。自云其先祖有功，常免徭役，故以为名……武陵（今湖南省常德市）、巴陵（今湖南省岳阳市）、零陵（今湖南省永州市芝山区）、桂阳（今湖南省郴州市）、澧阳（今湖南省澧县境）、衡山（今湖南省

① 梁书·张缵传（卷三四）.

衡阳市）、熙平（今广东省连州市）皆同此类。”自此，“莫徭”已经作为一种代表着具有某种特殊权利的种族集团提了出来，这种种族集团是按照种族起源传说，主张自已具有特殊权利而存在的，即都称为“盘瓠”的后代，都因祖先助评王杀敌有功，所以得以免征徭役。此后，“莫徭”作为瑶族的统一称谓，逐渐流行开来，特别是到了唐代，更是设置了“莫徭军使”一职：“置洪、吉都御团练观察处置使，兼莫徭军事使，领洪、吉、虔、无、袁五州，治洪州。”① 不仅政治上有“莫徭”之说，“莫徭”一词也走进了文学诗词，当时有两大诗人曾作过有关“莫徭”的著名诗篇，这就使得“莫徭”一名，更是广为人知。这两大诗人，一是杜甫，其所写的《岁晏行》云：“岁云暮矣多北风，潇湘洞庭白雪中。渔父天寒网罟冻，莫徭射雁鸣桑弓。去年米贵阙军食，今年米贱大伤农。高马达官厌酒肉，此辈杼轴茅茨空。楚人重鱼不重鸟，汝休枉杀南飞鸿。况闻处处鬻男女，割慈忍爱还租庸。往日用钱捉私铸，今许铅锡和青铜。刻泥为之最易得，好恶不合长相蒙。万国城头吹画角，此曲哀怨何时终。”② 二是刘禹锡，其在连州任刺史期间，曾目睹了“莫徭”的生产生活情景，写下了许多关于“莫徭”的诗章，其《连州腊月观莫徭猎西山》一诗云：“海天杀气薄，蛮军步伍嚣。林红叶尽变，原黑草初烧。围合繁钲息，禽兴大旆摇。张罗依道口，嗾犬上山腰。猜鹰虑奋迅，惊鹿时踢跳。瘴云四面起，腊雪半空消。箭头余鹄血，鞍傍见雉翘。日暮还城邑，金笳发丽谯。”③ 另一首《莫徭歌》也写道：“莫徭自生长，名字无符籍。市易杂鲛人，婚姻通木客。星居占泉眼，火种开山脊。夜渡千仞溪，含沙不能射。”④ 至唐末，史籍上第一次出现了瑶人的称谓，李吉甫于唐宪宗年间（806～

① 新唐书·方镇表五（卷六八）.
② 全唐诗（卷二二）.
③ 全唐诗（卷三五四）.
④ 全唐诗（卷三五四）.

820 年）所撰的《元和郡县图志》更是将“徭”作为瑶族的称号提了出来，“西晋（怀帝）分荆州湘中诸郡置湘州，岭南以五岭为界，北以洞庭为界。汉晋以来亦为重镇。今按其俗，杂有夷人名徭。自言先祖有功，免徭役也。”这是瑶族最早的独立称谓。[①]

宋时，“徭”已经独立出现在各种史籍中，但很多时候还是以不同的区域区分，即按其居住地域的不同有不同的称谓。如居住在湖北岳阳龙窖山一带的瑶族称为“山徭”或“徭人”：“龙窖山，在巴陵北，山实峻极，上有雷洞，有石门之洞，山徭居之。自耕自食，自织自衣。”[②]“龙窖山在县东南，接鄂州崇阳县雷家洞、石门洞，山极深远。其间居民谓之鸟乡，语言侏离，以耕畲为业，非市盐茶，不入城邑，亦无贡赋，盖山徭人也。”而居住在辰州一带的瑶族则称为“辰州徭”、居住在辰溪县的称为“辰溪徭”、居住在沅州的称为“沅州徭”、居住在溆浦县的称为“溆浦徭”、居住在靖州的称为“靖州徭人”等。相对于湖北，虽然因居住地域的不同称谓也各异，但在湖南更多的是冠以“徭”、“徭人”、“徭民”、“蛮徭”、“溪徭”、“五洞民徭”等称呼。在广西，“徭”的划分更细：“徭之属桂林者，兴安、灵川（治所灵川西南）、临桂、义宁（今临桂县西北）、古县（今永福县西北）诸邑，皆迫近山徭。最强者曰罗曼徭、麻园徭，其余如黄沙、甲石、岭屯、褒江……滩头、丹江、闪江等徭，不可胜数。”[③]这就说明，在宋代，瑶族已经是一个特点鲜明的民族实体，如在居住上：“挟山阻谷，依林积木以为之居，人迹罕至。”[④]“山谷弥远，徭人弥多。”[⑤]“其地山溪高深，

---

① 奉恒高主编．瑶族通史（上卷）．民族出版社，2007：205.

② 宋·马子严．岳阳州志．

③ 文南通考·四裔五（卷三二八）．

④ 祝穆．方舆胜览（卷三十）．

⑤ 周去非．岭外代答·外国门下．

生深山重溪中。”[①] 在饮食上：“徭人耕山为生，以粟、豆、芋、魁充饥。”[②]“食不足则猎野兽，至烧龟蛇啖之。”[③] 在服饰上：“其酋，青衣紫袍。”“妇女上衫下裙，斑斓勃牵，惟其上衣斑纹极细，俗所尚也。”[④]“徒跣，不识鞋履。以银、锡或竹为钗，其长有咫。通以斑细布为裳。”[⑤] 在语言上：“语言侏离”、[⑥]“侏离其言”。[⑦] 其他诸如婚姻、丧葬、歌舞、宗教信仰等，也都独具特色，已经成为一个独立的人们共同体。

唐宋之后，有关瑶族的称谓多了起来，但大多沿袭以往的称呼。至元朝统治时期，由于瑶民不纳税贡赋，加上起义频起，封建统治阶级不仅大肆镇压，还推行民族歧视和民族压迫政策，把原来双人旁的“徭”字改为犬字旁“猺”，因而这一时期的史籍特别是各种碑刻出现许多“猺寇”、“猺獠”、“蛮猺”、“山猺”、“猺人”、“山峒猺”等带有侮辱性的称谓，如《融州平猺记》载：“静江、柳、庆、宾、融猺寇为甚；若柳，重险之要冲，而融，群猺之渊薮，公独先之柳，而期以皆后会于融。”[⑧]《新州宣慰使阿里元帅平猺碑》载：“瘴益甚崛，强据其间者，为猺人。”“乃大德八年，猺人李宗起等聚党出，境内骚然。”[⑨] 除各种碑刻外，其他史料亦载：“猺獠尚据山区谷聚之险，创作甲兵，贼杀官军，俘人子女，夺人资货。”[⑩]“迩者，猺贼大肆猖獗，攻陷道州，

---

① 范成大．桂海虞衡志·志蛮．
② 周去非．岭外代答·外国门下．
③ 陆游．老学庵笔记（卷四）．
④ 周去非．岭外代答·外国门下．
⑤ 洪迈．容斋四笔（卷一六）．
⑥ 乐史．太贫寰宇记（卷一七八）．
⑦ 郑伸．桂阳志．
⑧ 谢启昆．粤西金石略（清嘉庆六年刻本）．
⑨ 屈人军辑．广东文选（卷一七）．
⑩ 危学士全集．卷三·平猺六策序．

杀虏官吏民庶。”[①]“然其地特多瘴厉，又猺獠出没，为生人患。”[②]“而比年中原水劳相仍，谷麦不登，湖广地接猺蜑，难制易扰，供给之余，耕业俱废，国家经费独仰于东南而已。”[③]“其后主将者官广西，用其法，亦募勇悍无赖子弟，以制莫猺、獞人之为寇者。”[④]“五岭之表，百粤之墟，吏失其猷。群蛮诸猺负险阻，聚蜂蚁以思逞。”[⑤]此种情况，在后来明清乃至民国时期，继续被沿用。明代，居住在两广地区的瑶族人民发起了大规模的反抗封建统治的起义，前后历时近百年，其间遭到了封建统治阶级的残酷镇压。因此，在明代的诸多文献史料、特别是《明史》中，有关“叛猺”、“猺贼”、“猺寇”、“乱猺”、“猺党”的记载特别多，如“洪武八年三月戊辰，浔洲大藤峡猺贼窃发，柳州卫官军擒捕之”。[⑥]“云以广西浔洲大藤峡等处，山猺恃险为害，出没不时，若不加兵防守，切虑乘隙侵犯。”[⑦]“浔洲切近大藤峡等山，猺寇不时出没，劫掠军民，阻截行旅。”[⑧]“泌水、电白等处，猺贼大肆劫掠。”[⑨]“初，广西兴安、全州猺贼为乱。”[⑩]“初，古田猺獞猖乱，镇巡遣经守之，颇能保障。”[⑪]这也从一个侧面反映出当时瑶族的势力和影响之大。清代，沿袭对瑶族的侮辱性称谓，并一直延续至民国时期。

实际上，以“猺”称瑶也引起了一些有识之士的反对，晚晴时期著名理学家唐鉴就提出了“猺亦人也”的观点。唐鉴于道光元年

---

① 滋溪文稿．卷二六·建白时政五事．

② 佩玉斋类稿．卷四·送王庭训赴惠州照磨序．

③ 存复斋文集．卷五·送顾定之如京师序．

④ 危学士全集．卷五·送敖巡检序．

⑤ 伊滨集．卷一四·送赵千户序．

⑥ 明太祖实录（卷九八）．

⑦ 明宣宗实录（卷七四）．

⑧ 明英宗实录（卷三五）．

⑨ 明英宗实录（卷一六五）．

⑩ 明武宗实录（卷八七）．

⑪ 明世宗实录（卷二〇一）．

（1820 年）和道光九年（1829 年）先后两次出任广西平乐府知府，不仅深入瑶疆，了解瑶情，甚至经历了道光壬辰年间楚、粤、桂三省的瑶民起义，对瑶民甚为同情，因此也采取了一些不同于一般统治者的态度，提出了“猺亦人也”的观点：“猺亦人也，异视之则异，同视之则同。”“以人视猺，则猺易治；以猺视猺，则猺难驯。人但知惩猺以重民，不知抚猺正所以安民也。假使官斯土者凡遇民猺械斗之案，平情办理，何至仇杀，酿成事端？”为此，他兴办瑶学，“振拔秀良”，认为，“人为天地之灵，虽山猺亦必有颖秀可教者”，“而士民每嫌其异类多，阻遏其考试，不知物尚可以同与，况本同为人乎！其实属善良，种山几年，即准其入籍考试之外，并为奏请添设瑶学，必从宽酌定”。[①] 虽然，唐鉴没有提出改“猺”的称呼，但他所提出的“猺亦人也”的观点，带有一种民族平等的思想。在 20 世纪二三十年代，广东省中山大学一些学者到瑶族地区进行调查，他们提议将犬字旁之“猺”改为人字旁之“傜”，从此，学者们开始用“傜”来称呼瑶族，除掉了长期捆绑在瑶族身上带有侮辱性的枷锁，还了瑶族人民的自尊。新中国成立后，党中央、国务院又根据广大瑶族人民的意愿，将美玉旁的“瑶”字取代人字旁的“傜”字，由此，瑶族的称谓被固定下来，一直沿用至今。

从“蛮”到“傜”，从“傜”到“猺”，再从“猺”到“瑶”，一字之易，所见证的，不仅仅是一个民族悲欢离合的发展历程，同时也寓了一个民族积极追求未来的美好冀愿。瑶族，这个颠沛流离、四处漂泊，同时又顽强、坚韧、不屈不挠的族群，穿越漫长的历史，历经重重的困难，尝尽人间世态炎凉，终于，在新中国、在新社会，与幸福的现在、与美好的未来，相拥相抱、相知相携。

---

① 李陵．论唐鉴“猺亦人也”的民族观．西南民族大学学报，2008（9）．

第二章

纷繁复杂的支系及其表征

“蜡烛结蕊灯结彩，百花争春多多开，叠叠青山对笑脸，流水欢歌迎客来。”这天籁的声音，如冬末的春阳，暖暖地、柔柔地拂过瑶乡千山万涧，灿烂、明媚、欢悦。这就是瑶族的蝴蝶歌，轻盈、婉丽，如一支流淌于翅膀上的山歌。以蝴蝶名歌，或许，是因为其天籁的声音，如阳光下的蝴蝶之翼，缤纷多彩、灵动秀美？或许，是因为其清丽优美、婉转悠扬的曲调，如春花般姹紫嫣红、芳香馥郁？又或许，是因为瑶族这纷繁复杂的支系、这层次丰富的文化，有如这春阳里的彩蝶，又如这绿野中的歌声，多姿、多情？于是，走进瑶山，就走进了一个迷人眼、醉人情的世界。

第一节　四大支系

走进瑶山，就仿佛走进了一座可触可赏的立体景观。勤劳、勇敢、智慧的瑶族各个支系，就这样，将自己的物质文化、精神文化，一样样、一丛丛地陈列于大自然中，真诚、朴实、和谐。

因为悠久漫长的民族发展史，因为自古以来形成的“大分散，小聚居”的分布格局，因为历史上的频繁迁徙，瑶族成为我国分支最复杂的少数民族之一。虽然支系繁多、相对聚居而又分散广布，使得瑶族各个支系生存于不同的自然环境和人文环境中，从而造成了彼此文化模式的丰富多样性，但作为同宗同源，其文化传承的内核一致，即千百年来，无论瑶族如何居住分散、支系繁多，也无论不同的支系有着怎样的自称和他称，“瑶”始终是民族的共称。这和费孝通先生论述的中华民族多元一体格局形成的情况相类似，瑶族实际上也是一个由不同支系组成的“你中有我，我中有你，而又各具个性的多元统一体”。

从语言上，可以将瑶族分为四大支系，即瑶语支支系、苗语支支系、侗水语支支系和汉语方言支系。

瑶语支支系是指所操语言属汉藏语系苗瑶语族瑶语支的瑶族，其中，又分为绵荆、标交和藻敏 3 个方言和尤绵、荆门、标曼、标敏、交公绵 5 个土语。这一语支的人口最多，分布面也最广，分布在广西、湖南、云南、广东、贵州、江西 6 个省区的 108 个县，其中，以讲绵荆方言的分布区域最广，主要分布在广西壮族自治区的金秀、龙胜、灌阳、资源、恭城、富川、荔浦、凌云、上思、平南、蒙山、昭平等 55 个县市，湖南省的江华、蓝山、宁远、郴州等 21 个县市，云南省的金平、景东、富宁、河口、广南、景洪、元阳、红河等 25 个县，广东省的乳源、连南、连山等 12 个县，贵州省的榕江、从江、三都等 5 个县，江西省的全南县等。讲标交方言的主要集中于广西壮族自治区的全州、灌阳、恭城等县。讲藻敏方言的主要分布在广西壮族自治区的连南、连山一带。[①]

瑶语支的瑶族共同崇拜始祖盘瓠，自称为盘瓠子孙，所以称为盘瑶，过山瑶、山子瑶、排瑶等均属于盘瑶支系行列。盘瑶与唐代的长

---

① 奉恒高主编．瑶族通史（上卷）．民族出版社，2007：4～5.

沙蛮、武陵蛮有着直接的渊源关系，其活动范围遍及湘、粤、桂边界，唐代诗人刘禹锡所写的《莫徭歌》、《连州腊日观莫徭猎西山》等诗篇，所描述的就是盘瑶先民的生产生活情景。元代以后，由于战乱和封建统治者的剥削与压迫，瑶族主体被迫南迁，虽然一路迁徙，一路流浪，但盘瑶支系依然保持着居住广泛、人口众多的特点。至明朝，由于不堪剥削和压迫，各地瑶族起义频起，中央朝廷也对瑶族进行了大规模的征讨，特别是对广东省罗定山和广西壮族自治区大藤峡的瑶族起义进行了大规模的镇压和屠杀，迫使大批的瑶族四处逃散，其中不少瑶民避入大瑶山，形成了今天大瑶山内的盘瑶和山子瑶。

盘瑶普遍山居，世代与山相依相守。走进大瑶山，在山巅远眺，那星星点点的木屋，那错落有致的干栏，掩映于青山绿丛中，那村前路头，鹤发童颜，相携相扶，偶尔几声鸡鸣犬吠，越过林梢，跌落山涧，久久回荡。这就是盘瑶世代的家园。门是遮掩的，灶台依然还冒着炊烟，但人已在山脚坡地，辛勤地劳作，这是盘瑶赖以生存的根；间或几声枪响，那是矫健的盘瑶男儿在狩猎。传说中，始祖盘瓠在山中狩猎，与一只凶猛的羚羊相遇，几经搏斗，最终却不幸被羚羊用角撞下山崖死亡。后来，盘瓠子女猎杀了羚羊，剥其皮，制成长鼓，边跳边舞，厚葬祖先，吊祭盘瓠，久而久之，就形成了每年农历十月十六的盘王节，这是盘瑶纪念祖先盘瓠的盛大节日。这一天，歌声嘹亮，舞步轻盈，鼓点激越。那鼓，

盘瑶服饰　（李桐摄）

是用木质柔韧而轻便的泡桐镂空两头制成的，有公鼓和母鼓之分，腰长为公，腰短为母，鼓头两端呈喇叭形。因为鼓要用大瑶山特有的黄泥浆来糊鼓面，使鼓面湿润，增加厚度，敲打起来洪亮、动听，所以又叫黄泥鼓。糊上黄泥浆，用以遏制鼓声的噪音，这是在改进鼓的音色上的重要创新。这一天，歌声悲怆，舞影婆娑，那隆隆的黄泥鼓声，既是对羚羊的一种谴责和悲愤之情，更是对祖先盘瓠的一种尊崇和怀念之意。

苗语支支系是指所操语言属汉藏语系苗瑶语族苗语支的瑶族，分为布瑙、巴哼、唔奈、炯奈和尤诺5个方言，其中以操布瑙方言的人数最多，所占的比重也最大，约占整个苗语语支总人口的97%。操布瑙方言的主要分布在广西壮族自治区的都安、大化、巴马、河池、宜州、东兰、天峨、忻城、百色等22个县（市），云南省富宁等县也有分布；操巴哼、唔奈方言的主要分布在广西壮族自治区三江、龙胜、资源、融安、融水5县（自治县），湖南省的隆回、洞口、溆浦、城步、通道、怀化、辰溪7个县（市），贵州省的黎平、从江、三都3个县（自治县）；操炯奈方言的主要分布在广西壮族自治区的金秀、平南和蒙上3个县；操尤诺方言的主要分布在广西壮族自治区的龙胜、兴安两个县。[①]

苗语支支系普遍信奉密洛陀，奉密洛陀为始祖母，所以也称布努瑶支系。和瑶语支支系瑶族一样，苗语支支系瑶族亦自称源自远古时期的蚩尤部落，但从其语言与苗语十分接近的情况看，他们历史上可能和苗族曾有过密切的接触。分析认为，布努瑶于宋、元时期进入桂东一带，至明代，又从桂东南逐渐向桂西、桂北迁徙，在经广东粤西和广西交界处的大藤峡要去起义失败后，为避难，相当部分的瑶族进入了桂西，并广泛分布于与桂西交界的贵州、云南等省的一些县域，

① 奉恒高主编．瑶族通史（上卷）．民族出版社，2007：5.

基本形成了今天的分布格局。也有学者考证，认为布努语与广东博罗畲族语相近，指出布努瑶历史上与畲族有着密切的关系，因此，布努瑶的迁徙路线应该是，古代曾在福建、广东一带住过，后迁入广西，有的到了贵州、云南，后又重返广西。[①]

苗语支支系居住的地域属典型的喀斯特岩溶石山地区，如桂西北的巴马、大化、都安、南丹、东兰、凤山、马山等，这些区域都是典型的大石山区，其中大化、都安两个瑶族自治县堪称“石山王国”，境内的石山面积占总面积的90%以上。耕地少、土层薄，自然资源缺乏，因而其经济发展水平相对落后，贫困人口较多。但这种艰苦的环境也造就了布努瑶生存的韧性，没有土，就一点一点地攒；没有地，就一块一块地垒；没有水，就一桶一桶地挑。所以，这里的山石，从来就不是冰冷的，也不是贫瘠的，因为，那石缝山隙中，总会顽强地生长出一抹抹绿色的生命，或是一株株玉米，或是一藤藤豆苗，或是一弯弯节瓜，或是一扎扎薯叶，迎风招展，郁郁葱葱。或许，这正如布努瑶的始祖母创造万物一样吧，天地混沌，生命之初，造天，造地，造高山，造河川，造林木，造走兽，造飞禽，造人类，一切，源于创造，一切，都为生存。这就是一种传承，从始祖母那里，布努瑶沿袭了顽强的生命力，愈苦愈坚，愈难愈强。所以，每年的农历二十九，为了纪念始祖母密洛陀的恩情，布努瑶都要举行盛大的庆祝活动。这一天就叫“达努节（祝著节）”，成为布努瑶一年一度最盛大的节日。“达努”，瑶语意即“不忘”，因为不忘祖恩，所以要虔诚敬奉。所以，这一天，村村寨寨，家家户户，杀猪宰羊，觥筹交错，亲戚朋友，欢聚一堂，身着盛装，尽情歌舞。这是一种生命的礼赞，也是一种生存的欢悦。

侗水语支支系是指所操语言属汉藏语系壮侗语族侗水语支的瑶族，

---

① 奉恒高主编．瑶族通史（上卷）．民族出版社，2007：10.

也称为茶山瑶和那溪瑶支系。茶山瑶自称“拉珈”，讲的是侗水语支的拉珈语；而那溪瑶族，讲的则是侗语。在四大支系中，侗水语支支系的瑶族人口最少，不足10万人，主要分布在广西壮族自治区的金秀、平南、蒙山和湖南省洞口等县，其中居住广西部分称茶山瑶，居住湖南部分称那溪瑶。该支系人口虽少，但来源却比较复杂，有的说源自广西，有的说源自湖南，还有的说源自广东，从其语言接近侗语和壮语的情况看，说明该支系与侗族、壮族有一定的亲缘关系，所以，他们的祖先可能起源于百越系统，原始住地应在今湘桂边境一带，后来迁入大瑶山，成为瑶族的一支。①

茶山瑶主要居住于广西壮族自治区金秀的大瑶山腹地，相对于大瑶山其他支系来说，茶山瑶有着自己独特的文化特点，最典型的就是其独树一帜的建筑。茶山瑶的房屋一般是依山势而建，随山势游走，依山傍水，或高或低，错落有致。建筑的特点是房屋深、门多、墙高，一道房门就是一道防线，高耸的屋墙，使其成了易守难攻的堡垒。而且，一个村寨，建筑成排，排排相连，屋屋相通，彼此相互照应，相互支持。当村寨遭受到外敌攻

茶山瑶民居中的雕刻艺术　（李桐摄）

① 奉恒高主编．瑶族通史（上卷）．民族出版社，2007：11.

击时，整个村寨进退自如，攻守兼备。同时，由于受到汉文化的影响，整个建筑雕梁画柱，装饰华美。所以，站在瑶山，极目远眺，春阳下，动的是随风起舞的绿树繁花，静的是如彩蝶沉醉吸蕊的别致小筑，动静结合、自然和谐，却又奢荣繁华。最别致的还是那吊楼，在大门侧上延伸而出，类似现代的阳台，其柱头、排梁、栏杆、扶手等皆雕饰有龙凤鸟兽、花木兰草等图案，根据图案需要，或赭红，或石绿，或铅白，艳丽多姿。这是茶山瑶姑娘的闺房，也是青年男女谈情说爱的场所，多少“爬楼”（关于茶山瑶“爬楼”恋爱的内容后有另章叙述）故事，就在这里悄然酝酿，多少青春年少的岁月，也在这里甜蜜驻足。

汉语方言支系主要是指讲汉语方言的瑶族，有平地瑶、白领瑶、宝庆瑶和部分红瑶等，其中，平地瑶主要分布在广西壮族自治区的富川、钟山、恭城以及湖南省的江华、江永等县；白领瑶主要分布在广西壮族自治区的龙胜境内，又称平话红瑶；宝庆瑶主要分布在广西壮族自治区江水、恭城、钟山、富川等县（自治县）境内。[①]

平地瑶为盘瑶的一个分支，因封建王朝采取招抚和军事镇压等手段，使得部分瑶族开始下山迁移到丘陵谷底定居，逐步走上定居的生活，并被编户入籍，供赋税，故史籍又有“熟瑶”、“良瑶”之称。由于居住区域生产生活条件较好，所以在农作物上，主要以种植水稻、畲禾以及薯、豆、芋等为主。因长期与汉族接触，受汉文化影响较深，其文化发展程度也较高，虽然在保留自己民族特色上不太明显，却也一直保留着与瑶族的认同心理。平地瑶也过盘王节，也跳长鼓舞，但与其他瑶支系所跳的长鼓舞不同的是，平地瑶的长鼓舞多以芦笙为伴奏，故称“芦笙长鼓舞”，其舞情节生动，舞姿刚健粗犷，曲调旋律宽广、优美、抒情，风格独特，具有浓郁的民族特色。

“天上有云就有霄，地上有河就有桥。林中有树就有鸟，南岭有山

---

① 奉恒高主编．瑶族通史（上卷）．民族出版社，2007：6.

就有瑶。”激越悠扬的蝴蝶歌又在瑶山的上空响起了，似天籁之音，如流水奏乐，轻重缓急，世代传承。这就是瑶族，只要有山、有水、有林的地方，就有瑶族的足印。所以，处处皆瑶山，处处有瑶民，而处处也充满了瑶情。

第二节　自称与他称

最初，瑶族是没有称呼的，与其他南方少数民族一样，统称为“蛮”，所以就有了“荆蛮”、“盘瓠蛮”、“长沙蛮”、“武陵蛮”、“五溪蛮”等称呼，直到南北朝时期，才出现了“莫徭”的称号，这是最早见于文献的瑶族族称。

相关“莫徭”的族称，还得沿溯到远古的“盘瓠”传说，因为“盘瓠”助评王杀敌有功，所以评王下皇榜券牒，准令王瑶子孙“州过州，县过县，见官不下跪，过渡不开钱，耕田不纳粮，耕山不交税”，①“蠲免国税夫役”②，“佑仰旨前，许王瑶子孙，浮游天下，乃是助国之人，与圣分忧，任从择居山地，如字券牒”，并“给抚王瑶子孙执照盘王过山榜，永远准此”。③ 正是因为有了皇榜券牒，并且“永远准此”，所以，免于徭役，就变成了瑶族先民的特定称呼，久而久之，即使唐宋瑶族成为单一民族实体之后，虽然在随后的向南迁徙过程中，不断与各民族相互接触和交往，各个时期的称呼也在不断变化，但“徭”字始终伴随，如“莫徭”、“蛮徭”、“徭人”、“山徭”等，同时，也混用“蛮”、“獠”、“山越”、“夷蜒”等称呼。元代以后，封建统治者推行民族压迫和歧视政策，一方面，以瑶族先民“不事徭役”为由，将

---

① 黄钰辑注．评皇券牒集编．广西人民出版社，1990：66.
② 黄钰辑注．评皇券牒集编．广西人民出版社，1990：58.
③ 黄钰辑注．评皇券牒集编．广西人民出版社，1990：59～60.

瑶族先民置于“化外之民”；另一方面，因瑶族先民“性野难驯”，且频繁起义对抗中央朝廷，所以，将“傜”字的双人旁去掉，换上反“犭”旁的“猺”字，极尽蔑视侮辱之意。由此，在史籍上，出现了“猺”、“蛮猺”、“猺人”、“猺民”、“山猺”、“猺蛮”、“猺贼”、“猺匪”、“猺鬼”、“猺佬”、“猺古佬”等称呼，这些带有侮辱性的称谓从元、明、清一直延续到民国时期，主要见于上层统治者的相关史籍、文书及券牒。至 20 世纪 20 年代后，一些学者倡议以单人旁的“傜”字取代反犬旁的“猺”字，但这也仅限于学术界的运用。直到新中国成立后，为体现民族平等，党中央国务院才根据广大瑶族人民的意愿，以美玉旁的“瑶”字取代“猺”字，真正还了瑶族的尊严，恢复了瑶族的真正本质。

以上从“傜”自“瑶”的称呼演化过程，实际上更多体现的是封建统治的一种政治策略以及秩序治理的变化过程，在这里，与其说是对瑶族先民的称呼，倒不如说是封建统治阶级给瑶族先民贴上的一种政治标签。除此之外，瑶族的自称与他称也数量众多、内容丰富，这在中国少数民族当中实属罕见。

因为是聚族而居，且不同的支系又分散于不同的区域，所以，其中的血脉亲情，多以一种本民族、本支系或者是本族户一致认同的情感维系彼此之间的关系，这种情感关系最明显、也最直接的就是本民族的自称。相同的或者相近的自称，可以拉近彼此之间的情感距离，一起追溯虽古远却熟稔的根基族脉。一般来说，自称的形成，总与历史上族群的图腾崇拜和语言的差异有着密切的联系，语言和图腾相同或者接近的，自称相同或者是相近；语言和图腾崇拜不同的，自称则多有差异。[①] 瑶族的众多自称中，一般都带有“勉”、“曼”、“门”、“敏”、“努”、“诺”、“璃”、“奈”、“迎”等字，这些字在瑶语中都带有

① 黄钰辑注．评皇券牒集编．广西人民出版社，1990：8.

"人"的含义，个别可以解释为"我"的意思。[①] 而"勉"、"标"、"藻"等称呼则带有"瑶"的族称含义，如带有"勉"字的一般为盘瑶、盘古瑶、过山瑶等，称"董本优"为"大板瑶"，称"土优"为"土瑶"，称"荆门"为"蓝靛瑶"，称"布努"、"布诺"为"背篓瑶"，称"炳多优"为"平地瑶"，称"拉珈"为"茶山瑶"等。据20世纪50年代新中国成立初期语言普查的结果，全国瑶族共有28种不同的自称[②]，如优勉、董本优、土优、谷岗优、金勉、入敦勉、董遍勉、坳勉、标

那坡大板瑶服饰 （李桐摄）

曼、史门、标敏、金门、甘迪门、藻敏、布努、努努、布诺、瑙格劳、努茂、杯冬诺、炯奈、唔奈、巴哼、优诺、拉珈、炳多优、优念、优家等。其中，自称为"勉"、"门"、"敏"的人数最多，约占全国瑶族总人口的65%以上，尤其是"勉"语支，几乎遍布我国南方六个省

① 黄钰，黄方平．瑶族．民族出版社，2004：12．

② 张有隽著．瑶族历史与文化．广西民族出版社，2001：14．

（区），甚至居住在美国、泰国、越南、缅甸、加拿大等国的瑶族也操“勉”语方言。[①]

虽然，“瑶”一直伴随着瑶族发展的全过程，但“瑶”并不是瑶族的自称，而是他称。据不完全统计，自“莫徭”名称出现伊始，直至新中国成立，瑶族他称就有456种。[②] 瑶族他称有以下特点：

一是与崇拜信仰有关，如崇拜盘瓠、盘王的被称为盘瑶；崇拜盘古的被称为盘古瑶；崇拜密洛陀的被称为布努瑶；崇拜唐太宗李世民的被称为唐王瑶、王瑶；崇拜舜帝后妃的则被称为娥皇瑶。

二是与历朝历代的政策有关，如凡受编入籍随赋役的被称为安宁瑶、太平瑶、下山瑶、良瑶、杂瑶、汉瑶、真瑶、主瑶、保瑶、抚瑶、听招瑶、大良瑶、住瑶、粮瑶、民瑶、佃瑶、白正瑶、王保瑶等；凡不入籍、不纳税、不接受中央王朝管制的则被称为险瑶、生瑶、蛮瑶、山瑶、外瑶、番瑶、野瑶等；其中，又有政治地位更为低下的山狗、狗瑶等各种侮辱性他称。

巴马东山番瑶姑娘盛装　（李桐摄）

三是与生产耕作条件有关，如过山瑶、山子瑶、背篓瑶、高山瑶、开山瑶、铲山瑶、岭瑶、过岗瑶、护岗瑶等指的是居于山上，

① 黄钰，黄方平．瑶族．民族出版社，2004：12.

② 黄钰，黄方平．国际瑶族概述．广西民族出版社，1993：12.

且刀耕火种频繁的瑶族；而茶山瑶、芹菜瑶、竹山瑶、木皮瑶、黄茶山瑶、蓝靛瑶、靛瑶、铁瑶、石灰瑶等则反映了这些瑶族所居住区域的生产经营特点。

四是与居住地有关，如因居住地势高低而得名的有高山瑶、深山瑶、浅山瑶、半山瑶、平地瑶、平川瑶、弄瑶、七百弄瑶、峒瑶等；因居住方位而得名的有大东山瑶、东山瑶、东瑶、东弄瑶、东边瑶、东六瑶、西山瑶、西瑶、西边瑶、西弄瑶、北山瑶、南一瑶、南二瑶、东源瑶、西源瑶、龙尾瑶、石坎瑶等；因居住地不同而得名的有排瑶、八排瑶、牛安峒瑶、千家峒瑶、伸家峒瑶、棉峒瑶、六峒瑶、长滩瑶、川江瑶、拉岜瑶、石溪瑶、水瑶、小沙江瑶、四冲瑶、赤水源瑶、青溪瑶、小水源瑶、大荆源瑶、小荆源瑶等；因频繁迁徙而易地、冠于地名之称的有道州瑶、长宁瑶、沆州瑶、邵阳瑶、辰溪瑶、增城瑶、肇庆瑶、靖州瑶、阳春瑶、金秀瑶、月坪瑶、乌石瑶、七都瑶、锦田瑶、雾江瑶、大锡瑶、新村瑶、王冲瑶、雄川瑶、连山瑶、乳石瑶、罗旁瑶、富江瑶、融江瑶、仲家瑶、广东瑶、广西瑶等。

五是与服饰有关，如因服饰颜色特点而得名的有红瑶、白裤瑶、白领瑶、白花瑶、青裤瑶、青衣瑶、青袍瑶、黑瑶、黑花瑶等；因式样不同而得名的有花脚瑶、三花瑶、花裤瑶、窄裤瑶、短裤瑶、长裤瑶、紫裤瑶等；因头饰不同而得名的有板瑶、三板瑶、大板瑶、蝶板瑶、衣板瑶、花板瑶、顶板瑶、箭杆瑶、箭瑶、尖头瑶、角瑶、独角瑶、平头瑶、白头瑶、花头瑶、红头瑶、笠头瑶等；因蓄发或者不蓄发而得名的有长发瑶、背发瑶、背髻瑶、长毛瑶、梳瑶、涂头瑶、盘龙瑶等；因胸饰特点而得名的有钱币瑶、钱瑶、花肚瑶等。

此外，与姓氏有关的有四姓畲瑶、七姓瑶、八姓瑶、十二姓瑶、

盘家瑶、赵家瑶、胡家瑶等[①]。

尽管不同的瑶族他称与自称都有其特定的含义，在文化上也具有自身的特点；尽管瑶族的足迹遍布神州大地及海外各地，各自的称呼也繁杂众多，但无论是浪迹海角，还是逐梦天涯，在总体的民族认同上，他们皆自认为属于“瑶族”，流淌着盘瓠的不息血脉，浸润着密洛陀的丰润乳汁，有着共同的历史渊源，有着共同的血脉亲情，有着共同的心理素质，有着共同的文化本质。正因为如此，新中国成立后，在 20 世纪 50 年代进行的民族识别，才据此认定他们都为瑶族，为统一的人们共同体。

所以，游走于瑶山的村村寨寨，每一处瑶族的聚落，都是一道风情各异的风景，亮丽并真实，奢华并自然。这是一个繁花的世界，争奇斗艳，多姿多彩；这也是一个万象的空间，蓬勃张扬，风生水起。而每一个去处，每一个角落，都流传着同一传说，追寻着同一祖源，流淌着同一血脉，因为，盘瓠、密洛陀，都是瑶族记忆深处最深最亲的根。

第三节　瑶族“百家姓”

此处所谓“瑶族‘百家姓’”，系借用汉族“百家姓”的说法。它有两层含义：其一是说瑶族的姓氏之多；其二是说瑶族的许多姓氏也确实包含在汉族百家姓当中。但是历史上并没有人真正如“赵、钱、孙、李、周、吴、郑、王”般给瑶族的姓氏排过序。

姓，实际上就是一种血脉传承的过程，最初的姓，总与最远古的祖先相连，而最远古的祖先，总会以某一种图腾的形式传承于世，这

---

① 奉恒高主编．瑶族通史（上卷）．民族出版社，2007：8～9；黄钰，黄方平．瑶族．民族出版社，2004：12～14.

需要我们再一次翻阅、寻索瑶族民间普遍珍藏的民族历史文献《评皇券牒》、传说故事以及结合汉文史籍记载的说法：始祖盘瓠因杀敌有功，得以与评王三公主为婚，婚后生有六男六女。于是评王就封盘瓠为始祖盘王，敕赐六男六女为王瑶子孙，并安十二姓："一赐男姓盘名启龙，封助国公，食邑五千户，升州刺史；一赐男姓沈名贤成，封骑侯，食邑千户，尧（饶）州刺史；一赐男姓黄名文敬，封光绿大夫，食邑二千户，滕州刺史；一赐男姓李名思安，封金紫光禄大夫，食邑二千户，本司仆射郎；一赐男姓邓名连安，封大将军，食邑二千户，补充刺史；一赐男姓周名文旺，封刺史，食邑二千户；一赐男姓赵名才昌，封定国公，嘉氏夫人；一赐男姓胡名进盛，封都鲁大将军，永氏夫人；一赐男姓郑名广道，封野候，食邑三千户，王氏夫人；一赐男姓冯名敬宗，封定国知州，杨氏夫人；一赐男姓雷名元祥，封都鲁侍郎，喜氏夫人；一赐男姓蒋名朝旺，封经国知州，永氏夫人。"① 这就是较为流行的评王敕赐"十二姓"故事传说，即"盘、沈、黄、李、邓、周、赵、冯、胡、郑、雷、蒋"。关于这十二姓的具体内容，不同地方、不同版本的文献和传说有一定的差异，也有将"蒋"姓说成"包"、"唐"、"郑"、"凤"等姓氏的。

"十二"姓氏的来源虽属传说，却深刻反映了封建社会的一种统治秩序。恩格斯曾经指出："氏族有一定的名称或一套名称，在全部落内只有该氏族才能使用这些名称。因此，氏族个别成员的名字，也就表明他属于哪一个氏族。氏族的名称一开始就同族的权利密切联系在一起。"② 所以，评王给瑶族赐十二姓及官衔，实际上体现了中国历代王朝对边疆非汉地区所实行的羁縻统治制度：对于中央王朝来说，对少

① 黄钰辑注．评皇券牒集编．广西人民出版社，1990：7.

② 中共中央马克思、恩格斯、列宁、斯大林著作编译局．马克思恩格斯选集（第四卷）．人民出版社，1972：83.

数民族地区进行羁縻统治，最常用的方法就是对当地少数民族的首领给予赐姓或委以名义上的官位；而少数民族方面，为表示对中央朝廷的归附，且出于树立自己政治地位的需要，从而接受中央朝廷的赐姓及官爵。虽然，我们无从去查实瑶族这种传说中的“赐姓封爵”是否属实，但从中却给我们提供了探寻其民族历史概貌和文化底蕴的宝贵线索。

这样，由“盘瓠”至“十二姓王瑶子孙”，瑶族血脉开始了其不断繁衍生息、发展壮大的历程。随着在中原、华南、西南地区的广大地域内长时期、远距离的迁徙活动的展开，并与周边许多民族、特别是汉（包括客家）、苗、畲、土家、壮、侗等民族产生了广泛接触和交往交流，在生产、生活习俗及民族文化等方面相互影响和吸收，包括姓氏在内的瑶族文化也得以不断充实和丰富，此时，瑶族的姓氏已经不再局限于“十二姓”之中，而是演化出了众多的形式。原因有如下几方面：一是更改姓氏。但凡改朝换代、腥云遍地的年代，为逃难、为避祸而改名换姓的事例总是层出不穷，如《评皇券牒》中称：“洪武四年（1371 年）冯姓盗偷贵（桂）林省库银，逃走连州羊古山落居，所将（讲）在后，冯姓改为鸟子凤。”[①] 又据《辰溪县志》记载，当时境内瑶族蒲姓入山居住，受封建外族压迫征杀，四处逃散，最后只剩下蒲姓七兄弟，为了生存繁衍，又不违族规，大家商议将剩下的七兄弟改为七姓，长史为蒲姓，余下六姓为刘、丁、沈、石、陈、梁，并将一口铁锅砸为七片，每姓各持一片存留。[②] 二是因婚姻、分居、承嗣而改变原姓。瑶族有“招郎入赘”的习俗，这样就有两种情况出现，一方面，入赘郎更改自己的姓名，随妻姓，所生子女一般都从母姓，但可以留有一个孩子用父亲原姓，以此来传承父系香火；另一方面，入

---

① 黄钰辑注．评皇券牒集编．广西人民出版社，1990：475.

② 黄钰，黄方平．瑶族姓名研究．广西民族研究，1997（2）.

赘郎不改本人姓名，所生子女一部分从父姓，一部分从母姓，以此来传承父、母双方宗支的香火。三是父姓衍生若干子姓。由于长期举族而迁，长期依山而居，与外界隔绝，为繁衍后代，经过漫长的历史发展，从父姓中又衍生出了若干子姓，形成了同姓不同宗的现象，如盘姓分大盘小盘、赵姓分大赵小赵、邓姓分大邓小邓。四是汉族加入瑶籍更改姓氏。清代屈大均就曾载述："诸瑶率盘姓，……其蜚盘姓者，初本汉人，以避赋役，潜窜其中，习与性成，遂为真瑶。曲江瑶，惟盘姓八十余户为真瑶，其别姓赵、冯、邓、唐九十余户皆为赝。"① 这里，实际上就是民族之间的相互融合、同化的问题。虽然，改名换姓，或者不是瑶族的初衷，而是不得已而为之，或因避难、或因婚姻、或因融合，但改姓者，总会通过曲折含蓄的手法，或就原姓加减笔画，或取与原姓同音、近义之字，以此来怀念宗恩，皈依祖源。

迁徙，再迁徙；分流，再分流；融合，再融合。如梭岁月，稍纵时光，瑶族就在这种分分合合的历史发展过程中，逐渐形成了"大分散、小聚居"的总体分布格局。虽然，根相连，血相融，但不同的瑶族支系在姓氏上也显示出了自己的特点。

盘瑶是瑶族的第一大支系，包含着过山瑶、东山瑶、坳瑶、山子瑶等小支系。盘瑶自称为盘瓠的后代，其姓氏也主要来源于《评皇券牒》中评王所赐的"十二姓"，即盘、沈、黄、李、邓、周、赵、冯、胡、郑、雷、蒋。"十二姓"构成了盘瑶的基本姓氏，但随着历史的发展，现有盘瑶的姓氏已经大大超出了"十二姓"的范围，且各个小支系的姓氏也有差异：过山瑶现有的姓氏有盘、黄、赵、邓、周、罗、冯、郑、李、雷、庞、邵、唐、陈、蒋、凤、奉、祝、王、沈、肖 21 种，其中盘、邓、李、赵、黄、冯姓为主要姓氏；东山瑶有盘、奉、邓、沈、黄、凤、李、唐 8 姓，其中盘、奉、李为主要姓氏；坳瑶有

① 广东新语·人语.

冯、赵、盘、王、黄、李、雷、庞、陆、陈、周、彭、欧、莫14姓，其中赵、盘为主要姓氏；山子瑶现有盘、邓、李、王、卢、温、蒋、杨、焦、庞、张、陈、苏、冯、黄、赵16种，其中盘、邓、李、赵姓为主要姓氏。①

布努瑶是瑶族的另一大支系，现有的姓氏有袁、蓝、罗、蒙、班、潘、仇、韦、罗、谭、覃、卢、王、杨、梁、廖、何、甘、黄、腊、陆、阮、季、石、那、雷、马、胡、梅、苏、刘、姬、蒋、樊、郑、莫、周、李、许、唐、吴41种，其中，蓝、韦、罗、蒙为其四大姓氏，即此四姓人口占总人口的60%以上。有学者认为，布努瑶历史上与畲族关系密切，畲族主要有蓝、雷、盘、钟四大姓，和布努瑶一样，蓝姓也是他们的第一大姓，这似乎从一个侧面佐证了上述观点。

茶山瑶是广西大瑶山五个支系（其他另外四个支系为花蓝瑶、坳瑶、盘瑶、山子瑶）中入住最早的一个支系，现有的姓氏有龚、苏、全、莫、刘、金、田、陶、韦、陆、钟、郭、宁、陈、罗、李16种，其中莫、苏、陶、金、龚为主要姓氏。

平地瑶是由盘瑶分化出来的一个支系，现有的姓氏为李、唐、黄、周、邓、奉、沈、赵、杨、柳、廖、陈、任、蒋、胡、莫、何、方、魏、刘、翟、罗、覃、苏、姚、聂、欧、陀、樊、孟、吴31种，以任、黄、李、奉、唐、周、邓、陈为主要姓氏。

白裤瑶虽然人口不多，但其姓氏则相对较杂，现有的姓氏为蓝、蒙、黎、韦、谢、何、李、卢、陆、潘、陈、黄、岑、罗、白、王、覃17种，其中蓝、蒙、黎、韦、何、罗为白裤瑶主要姓氏。布努瑶的四大姓——蓝、韦、罗、蒙也属于白裤瑶的主要姓氏，说明二者之间历史上必然有非同寻常的渊源关系。

---

① 黄钰，黄方平．瑶族姓名研究．广西民族研究，1997（2）．以下各瑶族姓氏分布情况皆详见该文。

花瑶现有姓氏为蒲、刘、丁、沈、陈、石、梁、奉、杨、戴、丰、蓝、回、尹、秦、宛、汤、王、文、邓、阮、吴、赵、唐24种，其中蒲、刘、奉、陈、戴、秦、宛为花瑶的主要姓氏，故称“七姓瑶”。

八排瑶现有的主要姓氏有唐、房、邓、沈、李、龙等，其中“房”姓为八排瑶所特有。湖南的花瑶有浦、步、严、回等姓氏，在其他瑶族支系中也比较罕见。

花蓝瑶现有的姓氏有蓝、侯、覃、冯、黄、胡、相、吴、郭、岑10种，其中侯、蓝、胡、相为花蓝瑶主要姓氏。

红瑶现有的姓氏为潘、余、周、王、李、黄、粟、韦、杨、龙、侯、吴、戴13种，其中潘、李、王、黄、余、粟为红瑶主要姓氏。

龙胜红瑶服饰 （李桐摄）

新中国成立后，随着民族平等政策的贯彻执行，各民族之间的交往、交流日益频繁，特别是改革开放以来，瑶族地区外出务工人员不断增多，瑶族青年男女与其他民族通婚的现象越来越多，所生子女的姓氏也越来越杂，所以，整个瑶族的姓氏呈现出一种快速增多的趋势。仅据笔者自己多年来的收录，目前已知的瑶族姓氏就达120多个。

“祖宗山人一条根，四处都是盘王孙；盘王制天又制地，制得山人

九州分。祖宗山人一条根，再论山人四处分；当年同住十万岭，而今不见祖宗根。十万山人是五姓，盘李邓赵都是亲；还有一姓是蒋姓，五姓山人共祖真。”这是一首瑶族查亲查族的信歌。信歌，是瑶族用书信查询在迁徙或逃难中失散的同族和亲戚的歌谣，信歌写成后，传唱各地。这里，姓，已经不仅仅是一个人的身份，还是一个民族、一个宗支的标记。无论你身居何处，心栖何方，只要记住了自己的姓，你就会拥有自己的根，铭记自己的源。

第三章

过了一山又一山

一生注定要与大山生死相依，相知相守。有民谣唱道："我脚下的大山，是我生命的土地，我身边的清流，是我民族的延续……"① 山是嶙峋的，而民族的精魂则是挺拔的，所以，对瑶族来说，没有比身躯更高的山，没有比脚印更远的路，也没有比意志更深邃的岁月。就这样，一路跋山涉水，一路披荆斩棘，一路挥洒时光，一个民族，正穿越重重叠叠的历史，欢呼雀跃、热热闹闹地向着时代走来。

第一节　靠山吃山——山地游耕

山，是孕育生命的母体，因为山，生命才有了永恒的依托；因为山的绵延，生活才会随着山四处游走。

瑶族世代与山为居，这就注定了他们的生活与山结下了不解之缘，"靠山吃山"就是他们千百年来秉持的生活生产方式。或许，民族的繁衍总与山相关，族脉的传承也以山相袭，说不清瑶族是何时开始与山相融、依山而生的，但史籍和其他史料中，关于他们山居耕种岁月的

① 冯艺．瑶山鸣翠．广西民族出版社，2010：4.

记载却如此清晰，如《评皇券牒》中就载：“敕令各姓瑶人子孙入山居住，刀耕火种。”“任以十二姓王瑶子孙，浮游天下，逢山吃山，逢水吃水，随风随雨……任便山居，永远执照，择山耕种。”① 唐代著名诗人刘禹锡在诗中称：“何处好畲田，团团缦山腹。钻龟得雨卦，上山烧卧木。惊麏走且顾，群雉声咿喔。红焰远成霞，轻煤飞入郭。风引上高岑，猎猎度青林。青林望靡靡，赤光低复起。照潭出老蛟，爆竹惊山鬼。夜色不见山，孤明星汉间。如星复如月，俱逐晓风灭。本从敲石光，遂至烘天热。下种暖灰中，乘阳拆牙孽。苍苍一雨后，苕颖如云发。巴人拱手吟，耕耨不关心。由来得地势，径寸有余金。”② 宋代周去非在其文章中描述：“猺人耕山为生，以粟、豆、芋魁充粮，其稻田无几。”③ 清代顾炎武称：瑶人“椎髻跣足，随山散处，刀耕火种，采实纳毛，食尽一山即他徙”④。清时的《广西通志》也描述广西瑶人“冬日焚山，昼夜不息，谓之火耕，稻田无几，耕种水芋山薯以助食”⑤。如此众多史料，记载的是一个民族生生不息的记忆。

一把火，就可以点燃整个岁月，一把种子，也足以支撑起一个民族的命脉。以上记载的就是一种游耕经济，是瑶族基于山区相对恶劣的自然条件和落后的耕种技艺前提而选择的一种生产方式，其最基本的耕作方法就是刀耕火种，即先用刀、斧砍伐山林后，就地焚烧并以其灰烬作肥料，稍加松土就可以播撒种子，其间既不施肥，也不除草，全凭庄稼作物望天生长，依天而收，待耕种几年，地力耗尽后就弃耕，重新另觅他地进行开垦。这种刀耕火种的方式由于耕作粗放，广种薄收，收成往往很低，且极为不稳定，遇到干旱或者是虫灾严重的年份，

---

① 黄钰辑注．评皇券牒集编．广西人民出版社，1990：76～79.

② 全唐诗（卷三五四）.

③ 岭外代答·外国门·猺人.

④ 天下郡国利病书·27册·广东（下）.

⑤ 谢启昆．广西通志·卷278之列传二十三.

甚至会颗粒无收，却是人类社会早期普遍经历过的一种生产方式，在南方少数民族中尤为如此，而在瑶族的民族发展史中则保持得最为持久，也发育得最为完善。因为是游耕，所以生存往往随着脚印游走，四处迁徙，逢山则垦，垦尽则弃。这就是瑶族的一种生活态度吧，随意、率性、自由，如山一样朴实、坦然，如风一样飘忽、惬意。或许，是山的驰骋，造就了瑶族颠沛游走的生活；是水的潺流，形塑了瑶族跌宕起伏的岁月；是地的厚实，孕育了瑶族豁达宽阔的胸怀，但更多的，这也体现了瑶族的一种生命韧性，在莽莽山林中，随处一搁、一放，无论艰难，也无论贫瘠，总能茁壮成长，充实而自信。

历史上，瑶族的游耕往往是以血缘关系为纽带，由家族中的一家或者是几家共同进行的，单家独户的游耕比较少见。但游耕并不是漫无目的的，心中向往的，总是那一方丰沃的山地，那一片肥美的水草，所以，下一个目的地，永远都是充盈着美好、洋溢着幸福。当眼前这块土地肥力即将耗尽时，瑶族就开始物色下一个游耕的地点，开始新的人生旅程。探寻新的游耕之地，多是在农闲的时候进行，这时，族内年轻力壮并且有丰富耕种经验的男人便会将炒熟的米装进袋中，系在腰间，携带一些生产生活必需品，开始踏山涉水，追寻理想的迁移场所。地，不仅要物产充足，气候温润，雨水充沛，土壤适于耕作，还要有利于人丁繁衍、族脉传承和六畜兴旺。当寻得此地后，并不是马上集体搬迁，而是先由一两房先迁去安居，住上一段时间，如果觉得该地确实适宜生产生活，才捎回口信给原住地的家族亲友，举族举家迁移。游耕可以在固定的区域有规律地进行，相隔若干年后，待到原地地力恢复，再重返生活，如此周而复始，生生长流；也可以沿着一定的方向游耕，不再回头，永远向前，越走越远，世代不断迁徙，不断追寻。对瑶族来说，生活可以是一个圆，起于原点，也终于原点，一生圆圆实实；也可以是一条义无反顾、勇往直前的直线，一生都永

不回头，一生都在追逐着未来，营造着未来。

因为刀耕火种的生产方式，使得瑶族最初的生产工具多以砍尖削利的坚木、竹棒、牛角等为主，垦山开荒，挖坑埋种，日出而作，日落而息，生产力水平较低；而在种植的种类上，也多以玉米、旱谷、粟、荞麦、木薯、黄豆、亚麻等适应山区的生长条件的旱地作物为主，产量低且不稳定。所以，历史上，在相当长的时期内，采集生活和狩猎活动在瑶族日常的经济生活中占据着十分重要的地位，直至20世纪五六十年代，居住于大瑶山、十万大山等地的瑶族，绝大部分家庭中还保存有鸟枪、铁夹、鱼叉、鱼攒、鱼罾等捕猎工具。① 唐代著名诗人刘禹锡就曾经写诗描述过瑶族围山狩猎的情景："海天杀气薄，蛮军步伍嚣。林红叶尽变，原黑草初烧。围合繁钲息，禽兴大旆摇。张罗依道口，嗾犬上山腰。猜鹰虑奋迅，惊鹿时跼跳。瘴云四面起，腊雪半空消。箭头余鹄血，鞍傍见雉翘。日暮还城邑，金笳发丽谯。"② 采集和狩猎所进行的多是一种集体的劳动，过去，瑶族狩猎所获的猎物，多实行一种"见者有份"的分配制度，即不管是否参加，只要看见了猎物，就可以分得一份。有的地方，如猎获大型的野兽，甚至不论是否看见，都须按户分给其一份，这些实际上是一种原始共产主义的"遗风"。山的恩泽，赐予了瑶族丰富的食物来源，也赐予了他们茫茫的林海，所以，除了采集、狩猎，林业也在瑶族的经济生活中占有特殊的、重要的地位。自古以来，南岭一带就是我国重要的林业产地，松、杉、柏、楠、竹等郁郁葱葱，油茶、油桐、八角等经济林随处可见，而瑶族聚居的广东连南至乳源之间的万亩老山、云南勐腊的茫茫林海、湖南江华的青山绿带、贵州荔波的茂兰自然保护区以及广西大瑶山的自然保护区等，更以林木繁茂而著称。

---

① 覃乃昌主编．广西世居民族．广西民族出版社，2004：81.

② 全唐诗（卷三五四）．

生产工具是决定生产力的主要因素。宋朝以后，随着铁制生产工具在一些瑶族聚居区的广泛运用，瑶族开始由原来的刀耕火种经济转入了相对稳定的锄耕经济阶段。经过锄耕的土地，不仅可以少休耕，甚至可以不休耕，极大地提高了土地的肥力和利用率，而且也使得这些使用铁制生产工具的地区的瑶族逐渐摆脱了游耕的生活，开始过上了一种相对稳定的定居生活，日常生产生活也变得有规律了。当然，这些都得益于封建王朝对先进生产力的广泛推广，如宋熙宁五年（1072 年），中央朝廷就曾派章惇开拓梅山，输送进耕牛、铁器、种子等生产资料，并对瑶族“教之耕犁”，传授先进的农业生产技术，促进了梅山生产力的发展，提高了耕地的产量，从此，梅山的瑶族便开始掌握和运用牛耕技术，由以往的游耕经济进入了从事垦田、种桑养蚕等农事生产生活。[①] 不仅梅山，宋朝在一些实行羁縻制的瑶区，也通过“画田亩，分保伍，列乡里，筑二邑奈之”[②] 等政策，逐步改变这些地方瑶族的游耕习俗。所以，早在宋朝初期，湘南一带的一部分瑶族已经由频繁的游耕迁徙转向定居生活。明清时期，特别是清朝中、晚期，随着可供自由开耕的无主山场越来越少，瑶族开始逐渐形成两种不同的耕作方式，一种是对以往的游耕经济进行调整，由漫无边际、毫无计划地游耕转向逐步固定、有计划地轮歇游耕，即在一个相对固定的地域内，对山场进行有计划、有目的地轮歇，循环开垦利用，以确保该区域生产的可持续性。至新中国成立前夕，在桂、湘、粤三省区交界地带和大瑶山区的瑶族，已经普遍采用以上轮歇的耕种方式了，而且在大瑶山，还形成了一种“种树还山”的生产形式，即没有土地、山林或者缺少土地、山林的“山丁”，向“山主”（瑶族内部的阶级分层，有“山主”和“山丁”之分，“山主”属于统治阶级，拥有生产资

---

① 黄钰，黄方平．瑶族．民族出版社，2004：20.
② 马端临．文献通考（卷三二八）．

料；“山丁”属于被统治阶级，租种“山主”的土地）租到山地后，双方签订契约，第一年砍山种玉米、小米等粮食作物，收获归己，不用交租；第二年和第三年，在间种粮食作物的同时，要间种杉木等，并加以护理，等杉木成材后，地力已尽，不能再种粮食作物时再把山地和杉木还给“山主”。一般批租一次，可耕种七八年，这实际上也是一种游耕的耕作方式。[①] 另一种依旧沿袭着以往的游耕生活，只不过是往更远的地方迁移，一直迁徙至人口相对稀少的东南亚地区，这样，经过迁徙，再迁徙，使得瑶族成了“东方的吉普赛人”，在不断的迁徙过程中，延续着自己绵延不断的族脉。

新中国成立后，随着党和国家民族平等政策的落实，瑶族的社会生产力水平得到了极大的提高，千百年来游动迁徙的历史宣告彻底结束，长期以来四处奔波的脚步得到停歇，并过上了定居的幸福美满生活。今天，游耕的生活已经湮灭在岁月的尘土里，但那千山万壑中，依然响彻着永不停歇的脚步，或是嶙嶙峋峋，或是铿锵有力，或是踏实稳健，所有的一切，充盈的、满怀的，都是瑶族那坚忍不拔、千年坚守、世代传承的民族之魂。

第二节　南岭无山不有瑶

生与山依，死与山融——这就是瑶族，一个山的子民，凝聚着山的精魂。

或许，没有哪个民族能像瑶族这样，在民族称谓上，如此与山如影相随、相交相融：“山瑶”、“高山瑶”、“深山瑶”、“浅山瑶”、“过山瑶”、“下山瑶”、“砍山瑶”、“东山瑶”、“西山瑶”、“茶山瑶”、“山子瑶”……就这样，以山为名，依山而记，生死相依，不离不弃。

---

① 覃乃昌主编．广西世居民族．广西民族出版社，2004：80～81.

据传，瑶族世代以山为居的传统与其对始祖盘瓠的崇拜有关。民间传说，盘瓠原为古时候评王的一只“龙犬”，因帮评王谋杀敌对的高王有功，得赐与“三公主”成婚，评王“着鼓乐欢送夫妻二人入会稽山（浙江）内即起造房屋居住，永属深山藏身养生”。后来盘瓠与“三公主”生下六男六女，评王闻之大喜，随即传下敕旨，敕封盘瓠为始祖盘王，敕赐其六男六女为王瑶子孙，“券牒发天下一十三省，万顷山河，地名开具：会稽山、终南山、峨眉山、清凉山、南岳山、八面山、万阳山、幽列山、大罗山、九嶷山、九龙山、五凤山、天堂山、武当山、九龙岗、大江山、中坪山、地下坪、九溪山十八洞、四十八源、八百里山、东山、西山源、梅花岭、岗山、桃源洞、景山、高梁山、狮子山、五盖山、八十里南山。天下一切山场、山源田地，均付十二姓王瑶子孙耕管为业，营生活命，蠲免国税夫役。豪民大户，不得侵害良瑶，永远管山。”并准令王瑶子孙“逢人不作揖，渡船不用钱，见官不下跪，耕山不纳税。所管山源田土，离田三尺，戽水不上之山田山地，俱系瑶人所管，蠲免国税”。[①] 另传，瑶族之所以长期身居山林，是为逃避徭役、赋税之故，此从瑶族曾经的族称“莫徭”中可知其详。“莫徭”之称，始现于南北朝。[②] 史料有载：“零陵、衡阳等郡有莫徭蛮者，依山险为居，历政不宾服。”[③]“长沙郡又杂夷蜒，名曰莫徭。自云其先祖有功，尝免徭役，故以为名。”[④] 山区既边远，又偏僻，为历代封建统治势力相对薄弱的地方，远遁其中，躲避各种徭役、赋税相对容易。且游耕的生产效率，本来较之河谷、平原地区就低，如果按照正常纳税，瑶族难以承受，所以长期身居山林，躲避徭役与赋税。无论何种说法，长期以来，瑶族民间就普遍认为，他们居山、耕山、管

---

① 黄钰辑注．评皇券牒集编．广西人民出版社，1990：172.
② 奉恒高主编．瑶族通史（上卷）．民族出版社，2007：7.
③ 梁书・张缵传．
④ 隋书・地理志（下）．

山乃属“皇赐”，自古如此。

古籍史料也明确记载了瑶族自古以来就有山居的生活习俗。早在秦汉时期，史书就记载瑶族的先人喜居山林：“昔高辛氏，有犬戎之寇，帝患其侵暴，而征伐不克，乃访募天下，有得犬戎之吴将军之头者，购黄金千镒，邑万户，又妻以少女。时帝有畜狗，其毛五彩，曰盘瓠。下令之后，盘瓠遂含人头造阙下……经三年，生子十二人，六男六女，盘瓠死后，因自相夫妻……衣裳斑兰，语言侏离，好入山壑，不乐平旷，帝顺其意，赐以名山广泽，其后滋蔓，号蛮夷。”[①] 宋代史籍称：“蛮傜者，居山谷间，其山自衡州常宁县属于桂阳，郴、连、贺、韶四州，环纡千余里，蛮居其中，不事赋役，谓之瑶人。”[②] 宋人范成大也指出：“猺，本五溪盘瓠之后。其壤接广右者，静江之兴安义宁古县，融州之融水怀远县界皆有之。生深山重溪中，椎髻跣足，不供征役，各以其远近为伍。”[③] 其时周去非也有相似的描述：“猺人聚落不一……地皆高山，而所产乃辎重，欲运致之，不可肩荷，则为大囊贮物，以皮为大带挽之于额，而负之于背，虽大木石亦负于背。猺人耕山为生，以粟、豆、芋魁充粮，其稻田无几。”[④] 由于山居的习俗，甚至有史料将之视为瑶族的代表性特征，北宋时期陈师道就认为：“二广，居山谷间，不隶州县，谓之傜人；舟居谓之蜑人，岛上谓之黎人。”[⑤] 明清时期，众多史料同样记载有瑶族的山居生活：“随溪谷群处”，“不属于官，亦不属峒首”；[⑥]“种山而食，去来无常”；[⑦]“飘忽无

① 后汉书・南蛮西南夷列传．

② 宋史・蛮夷传．

③ 范成大．桂海虞衡志・志蛮．

④ 周去非．岭外代答・外国门下．

⑤ 陈师道．后山丛谈（卷六）．

⑥ 天下郡国利病书（卷一〇四）．

⑦ 嘉庆・广西通志（卷二八）．

定所”，“散育野莽，不室而处”。[①] 所以，在我国的南方，就流传有瑶族山居习俗的各种民谚，如广西有民谚曰：“高山瑶，半山苗，汉人住平地，壮侗住山槽。”贵州有民谚曰：“布依住水边，水苗住中间，瑶族住山巅。”云南也有民谚曰：“汉族住街头，傣族住坝头，瑶族住山头。”……正是莽莽群山孕育了瑶族，也延续了瑶族。

那么，就让我们追寻历史的足迹，融入群山，去触摸瑶族那古老山居记忆吧。

跨越神话传说的时代，我们将目光停留在距今五六千年前的中国新石器文化时代的中后期，这一时期，在黄河、淮河、济水流域兴起了一个九黎的部落联盟，首领为蚩尤。蚩尤在与黄帝的战争中战败后，其余部越黄河南下，至距今四五千年前，逐渐发展形成了三苗集团。三苗在与尧、舜、禹的战争中被打败，一部分被迁往“三危（山名，在今甘肃敦煌市境内），以变西戎”，[②] 大部分被“放允兜于崇山（山名，在今湖南省张家界市），以变南蛮”。[③] 这里所讲的九黎、三苗，即瑶族的远祖。虽然记忆是遥远的，但追溯至此，我们知道，在与黄帝、尧、舜、禹等的战争失败后，瑶族的先祖已经失去了平原肥沃的土地，只能逃到深山老林，过上最初的山居生活。由于封建统治者的迫害以及中原战争的频繁，为了保存族脉，瑶族的先民也开始了向南、继续向南的迁徙过程，至秦汉时期，瑶族的先民已经遍布湖南的湘江、资江、沅江的中、下游以及洞庭湖一带沿岸地区。由于当时这些地区属长沙、武陵郡所辖，因此，这一时期的瑶族先民就被称作“长沙武陵蛮”，又因其“杂处五溪之内”，[④] 亦称“五溪蛮”。魏晋南北朝时期，由于中原战乱后人口大减，大量土地荒芜，封建统治者对周边的少数

---

① 陈微言．南越笔记（卷三）．
② 史记・五帝本纪．
③ 史记・五帝本纪．
④ 后汉书（卷八六）．

民族实行招抚政策，瑶族先民开始由山区向中原发展，“渐得北迁，陆浑（今河南嵩县北），布满山谷”，[1] 到达了长江、淮河的广大地区，后因统治者的不断压迫，又逐步向南迁移。至隋唐时期，今湖南境内的大部分地区，以及广西、广东的东北部山区，包括长沙、武陵、零陵、巴陵、桂阳、衡阳、澧阳、熙平等郡，已经成为瑶族先民的主要聚居地。这一时期，史籍第一次出现了瑶族的独立称谓：“西晋（怀帝）分荆州湘中诸郡置湘州，岭南以五岭为界，北以洞庭为界。汉晋以来亦为重镇。今按其俗，杂有夷人名徭，自言先祖有功，免徭役也。”[2] 宋时，瑶族已经形成了一个独立的民族实体，[3] 此时还是以湖南为主要居住地，但粤北、桂东北、黔东南、赣西等地也有了分布，其主要聚居地东起江西的吉安府，南至广东的雷州半岛，西至广西的南丹县，北至洞庭湖沿岸，分布区域相当辽阔。宋末元初，受战乱的影响，以及中原人口的不断南迁，大批的瑶族也开始南移进入两广腹地，一部分则进入云、贵两省。至明代，两广一带已经成为瑶族的主要聚居地。清代，广东的瑶族逐渐向广西、云南和贵州迁徙，广西从此成为瑶族的主要分布地区和活动中心。这一时期，瑶族已经遍布我国广西、广东、湖南、云南、贵州、江西南方六省（区），形成了大分散、小聚居的分布格局。今天，瑶族大部分分散居住在海拔 1000 米左右的高山林区，部分居住在生态环境比较恶劣的大石山区，只有少部分居住在丘陵或河谷地带。东起广东乳源五岭山脉，西至云南勐腊、金平哀牢山，北接湖南永州九嶷山和辰溪山区，南达云南河口大围山和广西防城港市十万大山，其中南岭（也称五岭，包括越城岭、萌渚岭、骑田岭、都庞岭、大庾岭）、十万大山、都阳山、雪峰山、罗霄山、六韶山和哀

---

① 魏书·蛮传（卷一〇一）.

② 元和郡县图志·江南道五（卷二九）.

③ 奉恒高主编．瑶族通史（上卷）．民族出版社，2007：221.

牢山等山脉，重峦叠嶂，千溪万壑，纵横交错，是瑶族曾经建立过家园的地方，也是瑶族世代赖以生存的自然环境。特别是南岭山区，更是我国瑶族的重要的聚居地，据2000年的人口统计，居住在这一代的瑶族，占据了全国瑶族总人口的42%，[①] 是名副其实的“南岭无山不有瑶”。

迁徙，再迁徙；向南，一直向南，这就是瑶族颠沛流离、激昂跌宕的迁徙史。一路抗争，一路坚守，一路传承，才成就了今天这样一个绵延不断的族群。虽然，流浪的脚步已经停歇，但坚韧的心还依然系着远方，所有关于生的信仰、族的延续，就这样传承，再传承；向前，一直向前。

第三节　世界民族

瑶族之所以被称为“东方的吉普赛人”，或许，是因为他们迁徙的脚步总那么居无定所；或许，是因为他们总追寻山势“食尽一山则它徙”；又或许，是因为流浪的心总像风一样的自由。在瑶族的精神世界中，总有意志铺不尽的群山，总有脚印量不完的土地，也总有梦想填不满的远方。

这无关土地，无关区域，也无关国界，对于瑶族来说，不断地迁徙，是为了生存，为了族的繁衍，更是为了脉的传承。所以，生命，总是在不断的追逐与坚持中次第绽放；人生，也在不断的跋涉和流浪中坚实圆满。也许，当放逐的脚步一迈开，目标就注定是前方，是远处，是这个充满了悲欢离合、轮回生息的世界了。

迁徙之路没有尽头，有的只是无穷无尽的远方。从黄河流域进入湖南境内，然后从湖南迁至广东，再由广东进入广西，瑶族迁徙的路

① 奉恒高主编．瑶族通史（上卷）．民族出版社，2007：2.

线就这样，一直向南。再向南，就是越南了。瑶族最初迁入越南的具体时间是明永乐四年（1406 年），[①] 广西荔浦县茶城乡瑶族《邓氏族谱》就清晰地记载了这一段历史：“永乐年间（1403～1424 年）安南外国大反时，外省兵远调不及，本省各宪速查瑶山……时值永乐四年（1406 年），吾太祖奉调，大宪给谕下是札，委太祖统领瑶丁，会同营协兵征。各宪各营均称瑶（丁）得力，实为勇敢，尽以兵银重赏。因此之前在之山场窄小人众，安栖不下，放择各山安居。”[②] 这里讲的就是瑶族奉中央朝廷之命，被征调进入越南讨伐安南国反叛的史实。这样，瑶族跨界迁徙的路线也由此明晰了：自明朝中叶开始，瑶族先由广东境内向广西迁徙，进入广西后，或是在广西范围内定居、迁徙，或是继续向南、往前。继续向南、往前的这一部分瑶族又分为两部分，一部分进入越南，另一部分进入云南后，再由云南迁入越南、老挝等国，这一部分人有的再继续往前走，于清代中晚期到达泰国北部，再继续往前迁徙，就迁徙至欧美各国，足迹遍布全世界了。[③]

逐梦远方，这一路上，抑或沉重，抑或欢悦；抑或陌生，抑或熟悉；抑或疲倦，抑或舒适。那忘不掉的故土，那挥不尽的乡愁，弃土与望乡，过客或知己，一切都在这漫长的旅途中，如此沉沉浮浮，起起落落。因为生计，所以不得不四处迁徙、逐梦海外。明清之际的中国，伴随着资本主义的萌芽，沿海地区不仅社会经济得到了迅速发展，人口也趋于膨胀，迫于生计，居住于沿海一带的居民，不得不开始往外寻求出路，除了向东南亚、南洋、美洲等国家移民，相邻的地广人稀的广西也成了移民的首选之地。大量内迁的移民，不仅在各个乡镇经营商业、手工业，还开始深入山区开垦荒地。迫于土地资源的匮乏

---

① 奉恒高主编．瑶族通史（下卷）．民族出版社，2007：941．

② 转引自范宏贵．瑶族从中国进入越南浅谈．广西民族研究，1986（4）．

③ 奉恒高主编．瑶族通史（下卷）．民族出版社，2007：941．

和生存的压力，原来就居住于山区，或者这一时期刚由沿海地区迁入广西山区的瑶族，不得不又迈开了流浪的脚步，向云贵高原迁徙，向越南、老挝、泰国等东南亚国家迁徙。因为生活总觅远山而存，逐水草而居，所以，幸福总是在别处，甚至在他乡。一封山子瑶来自越南的《交趾信歌》，道出了其中逐梦轨迹："真广岭头青美美，四边河水上鲤鱼。……此地种禾本是好，每年收得五六仓。意吃何般密中有，水满鲤鱼任意贪。玉米一个有尺五，收满家中任子贪。……此山住得千万家，祝报从亲齐专来。好吃不过南山地，回话报亲齐入交。语到广东铁狼峒（清末区划，今广西防城港市扶隆、那勤、太萧、平旺四乡镇及那梭北半部），亲能恩思寻信来。……亲在天朝无山斩，齐来到地青山头。"① 一切流浪，皆因"天朝无山斩"，而越南当时却"岭头青美美"，"鲤鱼任意贪"，"种禾本是好"，"住得千万家"，所以，"回话报亲齐入交"（"交"即"交趾"，为越南的古称）。因为世道混乱，天灾人祸，内忧外患，所以，迁徙的脚步不得不越境跨洋，逐梦天涯。明清之际，封建体制江河日下，特别是清朝中叶以后，外有强敌入侵，内有地方混战，豺狼当道，遍地腥云，这时，苦难的瑶族人民只好背井离乡，远赴他国。一份《元国歌》（《元国歌》即《故国歌》，此处只是摘录其中的一部分，翻译过来：昔日中国地方乱，白过一时算一时。得过一天算一天，挨过一年又一年。想到从前故乡地，光听人说在哪呢？从前故乡地方乱，散失瑶胞五万三。盘古子孙我难过，真是愁啊亲不知），就是瑶族去国怀乡的辛酸倾诉："每天中国地方乱，空音一时日算日；时算一时日算日，日过日头年过年；念到卡罗元国地，空听人传音啼咧；卡罗元国地方乱，度失散离五万三；盘古子孙夫愁过，真是愁咧亲马知。"② 也因为中央王朝的征兵调遣，所以，金戈铁马，

① 转引自奉恒高主编．瑶族通史（上卷）．民族出版社，2007：942.

② 李增贵．瑶族《元国歌》．广西民族学院学报，1986（4）.

踏碎异国他乡残梦，从此，故境相隔万重山水，岁月阻断来路，唯有血缘，依然如春草夏阳般热闹、张扬。

虽然，迁徙之路总指向前方，前方一望无垠，无边无际，但迁徙的足印，却总是如此清晰、明朗，因为有了《迁徙信歌》、《祖图》（或称《祖途》）、《评皇券牒》（即俗称的《过山榜》）、《家先单》等民间手抄文献的指引。这些文献，清晰地记载了瑶族海外迁徙的路线，前人走过的路线，也是后人迁徙所走的路线，所谓“前有古人，后有来者”，如此世代传承，相依相袭。或许，这是沿袭于瑶族原始的游耕生活，只要寻觅得一块生活生存的理想之地，便会记下标志，划清路线，告知父老乡亲，沿途而上，共筑美好家园。所以，《评皇券牒》中才如此记录：王瑶子孙“原居肇庆山，移居原南北二京山，又至浙江山，又至江西山，又至福建山，又至湖南山，又至湖广山，又至广东山，又至广西山，又至山西山，又至陕西山，又至四川山，又至云南山，又至贵州山，又至交趾山”。[①] 而一首《迁徙歌》中也唱道：“明王洪武登龙位，地方反就不安宁；众姓邀约往外逃，一份跑上湖广行；一份跑上广西道，一份云南交趾停；平地遭赶往山躲，山头遭赶躲森林；黎朝（“黎朝”指越南后黎王朝，存在于1532～1788年）反乱又奔跑，跑过老挝住山林；过山瑶人过山种，过山瑶人过山行；平勐田地汉人种，烧山种地我瑶民；一九七五岁又到，迁往泰国去安身；姊妹齐齐到泰国，无吃住在难民营；美国专家来引渡，漂洋过海美国行。”[②] 这样，从各种民间文献资料中，大概可以知晓，历史上，瑶族向海外迁徙的路线主要有北路、中路、南路三条，其中：北路经广西桂林、柳州、河池、凌云、西林或田林进入云南，然后分别迁入越南、老挝；中路经广西玉林或柳州、宾阳、田东、百色进入云南，然后分别迁入

---

① 蒲朝军，过竹主编．中国瑶族风土志．北京大学出版社，1992：344～345.

② 黄钰，黄方平．国际瑶族概述．广西人民出版社，1993：346.

越南、老挝；南路经广西博白或合浦、浦北、钦州、防城从陆地边境迁入越南，或经玉林或贵港、横县、灵山或邕宁、上思、防城或宁明，迁入越南，或经北部湾渡海进入越南。此外，也有少数经都阳山（今广西都安、大化、巴马县境内）下武鸣经邕宁、宁明进入越南。[①]从以上路线我们可以看出，历史上，瑶族向海外迁徙的主要方向，首选是相邻的越南、老挝。20世纪70年代中期，印支半岛政局突变，战火蔓延，迫使居住于老挝境内的瑶族逃入泰国，沦为难民，而后被分别安置到美国、法国、加拿大等国。从此，瑶族的迁移方向有了新的变化，美国、法国、加拿大等欧美国家成了新时期瑶族自由迁徙选择的目标和方向。这一时期，迁移的不再局限于瑶族难民，也不再局限于中国的瑶族，各国之间的瑶族也有了相互迁移的现象，瑶族的脚印，已经深深地印在了世界各地。

据2007年出版的《瑶族通史》统计，全世界约有瑶族328万人，其中居住在中国的约有264万人，约占全世界瑶族总人口的80%；居住在国外的约有64万人，约占全世界瑶族总人口的20%[②]。这20%的瑶族人口，分布在越南、老挝、泰国、缅甸、美国、法国、加拿大、瑞士等国。瑶族成了一个名副其实的世界性民族，既根繁叶茂，又绵延不断。

尽管异国他乡充满了艰辛、苦难，但更多的，也充满了希望，溢满了幸福，因为，路还得坚持走，前方依旧在召唤，未来总是在招手。不停地迁徙，不断地追寻，是因为生活，因为生存，也因为传承，更因为，这就是瑶族，一个百折不挠、愈挫愈勇的族群。

---

① 奉恒高主编．瑶族通史（下卷）．民族出版社，2007：946.

② 奉恒高主编．瑶族通史（下卷）．民族出版社，2007：939.

第四节　记忆中的瑶族圣地——千家峒

无论流浪的脚步有多远，即使去国离乡的心相隔千山万水，匆忙的岁月催容颜苍老，但那遥远、古老的记忆深处，让瑶族千百年来魂牵梦绕的，依然是那踏山涉水、不懈追寻的祖源圣地——千家峒。

确切地说，千家峒只是一个传说，是瑶族的精神家园，是常年在外漂泊、流浪的灵魂最终要回归的祖源之地。因为是传说，所以，各地瑶族、各支系间都流传着不同版本。虽然关于千家峒的传说众多，版本不一，但因为其在瑶族民间流传甚广，家喻户晓，老幼皆知，在瑶族的历史发展中及民族意识上都占据着重要的地位，所以，我们还是撷取其中一篇，细读那如歌如述的文字，透过那斑驳陆离的时光，触摸瑶族那虔诚而神圣的族脉：相传瑶家十二姓人先后开辟会稽山、玉明冲、九牛山等许多村寨，经过多年经营，形成了一派“千家峒里大洞田，三百牯牛犁一边，尚有一边犁不到，山猪马鹿里头眠”的世外桃源景象。这里，四季花开不败，百鸟争鸣不息。由于家家户户粮满仓、猪满栏、人丁旺，且户衍千家，所以又称“千家峒”。因为千家峒常年风调雨顺，林茂粮丰，官府为了霸占这块风水宝地，于是派个县官进峒催租缴粮，但瑶民首领盘翁拿出《过山榜》，对县官说，评王早就下过敕令，“盘护子孙，耕山不上税，种田莫纳粮”，因此，绝无交税交租的理由。虽然抗租抗粮，千家峒的瑶民仍然将县官当作贵客，家家户户拿出鸟酢、山鸡、黄猄、果子狸等山珍招待县官。但酒酣耳红之际，朝廷官兵突然杀进峒来，以县官久居不归，疑被瑶民所害为由，兴师讨伐。瑶民纷纷拿起猎枪、砍刀、弓箭等武器，吹响牛角号，与官兵浴血奋战，但终因朝廷源源不断增兵，寡不敌众，最终只有十几户人家突出重围，被迫流落他乡。瑶民离开千家峒后，走了七天七夜，来到了海边，并乘上木船，开始漂洋过海，但木船在海上连续行驶了一个又一个七天七夜，总是回到原来的地方，总是靠不了岸，且不时遇到旋涡，面临着被卷沉的危险。于是盘翁率领大家打起黄泥鼓，唱起盘王歌，向盘王祷告，请盘王显灵来搭救。果然，经过七七四十九个昼夜后，瑶民终于过海上岸了。上岸后，盘翁将祭供盘王的香炉打烂成十二块，并将牛角锯成十二截，每一姓瑶民各拿一块香炉片、一截牛角，共同喝血酒盟誓："铜打香炉三斤半，黄金四两五钱三，瑶家各姓拿一块，过海流落去逃难。牛角锯成十二截，每姓一截各自飞，香炉牛角合得拢，来日子孙又杀回。"十二姓瑶家从此各奔前程，进入广西、广东、湖南、贵州、云南、江西等省区，甚至漂洋过海，浪迹天涯。[①] 虽然瑶族在后来的岁月中不断迁徙、不停流浪，但有朝一日要回归千家峒、祭祀祖先的意念从来就没有间断过。

因为是祖源圣地，精神家园，所以，瑶族世世代代都在追寻着千家峒，期盼着重续血缘，重张血脉。"千家峒住有一千家人，是个很好的地方，四周高山环绕，中间是平地。""无数的清泉汇成河流贯于峒中。峒中有块大田，土质肥沃。""有一地，四面高山，经一石洞入内，内有广袤土地。"[②] 不同的瑶族史籍文献，对千家峒都有不同的语言描述，但精神的皈依点都是相同的：那是一个美丽、富饶、幸福、神圣的家园，在那里，青山挺拔，瀑布高悬，绿树苍翠，旷野肥沃，老叟怡然，稚童欢悦，鸡鸣狗跳，耕牛奋蹄，炊烟萦绕，一切都是那么安详，那么自然，那么和谐。所以，长期以来，瑶族都在向往着千家峒，寻找着千家峒，为了寻回这块乐土，甚至不惜流血牺牲，掀起了一次又一次的寻找千家峒的活动。但是，千家峒究竟在何处？瑶族精神的家园栖于何方？曾经有人说千家峒在海南岛，有人说在浙江的会稽山，

---

① 蒲朝军，过竹．中国瑶族风土志．北京大学出版社，1992：344～345.

② 冯艺．瑶风鸣翠．广西民族出版社，2010：58.

有人说在湖南的洞庭湖，有人说在湖南江永县的桃川峒，也有人说在广西灌阳县的千家峒，并经百年寻找，依然没有结果。从20世纪80年代起，瑶族研究工作者掀起了研究千家峒的热潮，如武汉大学的宫哲兵教授，在踏遍了湘、粤、桂边境南岭一带的千山万水和深入山区瑶寨调查寻访了17个冬春之后，提出了千家峒就在湖南江永、道县与广西灌阳县交界的都庞岭地带，中心位置就在韭菜岭；湖南省民族研究所李本高研究员经过多年的考证和分析，并结合民间流传文献《千家峒》的内容指出，湖南省临湘市的龙窖山是瑶族先民进入湖南的第一站，即千家峒；2001年，广西瑶学会在临湘市召开学术研讨会，经过实地考察和认真讨论后认为，龙窖山是瑶族历史上曾经居住过的重要历史遗址，是瑶族传说中的千家峒之一。[①] 这里，“之一”的提出，更加道出了千家峒的神秘和神圣。

实际上，漫长的迁徙史，注定了瑶族不止有一个千家峒，游耕的生活，也促使了瑶族处处流浪处处为家。每到一处，总能适境而生，安居而活，而每迁一处，也总能招族而至，聚族而安。所以，对于瑶族来讲，到过的每一片土地，踏过的每一道峰峦，都珍藏着祖先的记忆，延续着不息的族脉。例如，说千家峒的故地在湖南洞庭湖与幕阜之间，这是历史早期的千家峒；说千家峒的故地在湖南江永县千家峒瑶族乡，这是元代的千家峒；说千家峒的故地在湖南临湘市的龙窖山，这则是宋代的千家峒。[②] 但漂泊在外久了，流浪的心总要回归祖源之地，不为别的，就是为了能够再次聆听祖训，重新沐浴宗恩，所以，追寻千家峒的脚步从来就没有停歇过。早在19世纪的清朝道光年间，云南蒙自的瑶民邓元珠就开始了寻找千家峒故地的历程。当时，有传说广西柳州石河一个叫“石碧洞”的地方就是瑶族故地千家峒，于是

---

① 奉恒高主编．瑶族通史（上卷）．民族出版社，2007：28～29.

② 奉恒高主编．瑶族通史（上卷）．民族出版社，2007：249.

邓元珠等人受宗族所托，千里迢迢地踏上了寻找千家峒的路途。经过艰苦的长途跋涉，邓元珠等人终于找到了石碧洞。虽然，石碧洞与传说中的千家峒相似，但终究不是他们心目中所要找寻的圣地。虽然，这一次寻找千家峒的行动失败了，但挫折却未能打击瑶族寻找千家峒的勇气和热情，数百年来，他们或是单枪匹马，或是父子相承，或是三五成群，或是举族连宗，几年甚至数十年背井离乡，奔赴在寻找千家峒的路上。时间转眼飞逝到了1941年，这一年，地处大瑶山一带的金秀、蒙山、荔浦、鹿寨等县的瑶族，正在悄悄酝酿着集体返回千家峒的运动。在当地瑶族的记忆里，他们的祖先居住在千家峒，那里高山环绕，山林茂密，平坝广阔，土地肥沃，人们过着富足的生活。而且，居住在千家峒，耕种田地，不用交租，也不用纳粮，更不用受官府的欺压，日子过得美满而自由自在。但是，因为后来官府打进千家峒，居住于此地的祖先们才被迫分散迁移，从此背井离乡，到处流浪。因为现实中受到国民党政府的压迫和剥削，也为了与苦难的命运进行抗争，大瑶山的瑶族揭竿而起，掀起了“搬回千家峒”的运动风暴，目的就是要回到千家峒，去过上不交租、不纳粮，没有剥削、没有压迫的美好日子。但是，过程是惨烈的，最终，“搬回千家峒”的运动在国民党当局的血腥镇压下失败了，瑶民们的鲜血涂红了回归千家峒之路。1981年，广西荔浦县的赵德标为了追寻心中的千家峒圣地，变卖了全部家产，全家老小一起踏上了寻梦的旅途。路上，赵德标一家遇上了来自湖南江永县大远乡大溪源村的赵顺旺、赵顺德兄弟。赵氏兄弟同样也在寻找千家峒，而且已经找了好多年了，他们到过湖南的江华、道县、宁远、双牌，广西的全州、灌阳、恭城、荔浦、鹿寨、富川、阳朔、平乐等县，一路跋涉，一路找寻，在寻觅的路上，遇上了赵德标一家。或许，因为共同的向往、共同的追求，赵德标一家与赵氏兄弟有着说不完的话、唱不完的歌、跳不完的舞；又或许，他们的

祖先几百年前就一起居住在千家峒，因为他们所说的话、所唱的歌、所跳的舞，是完全一样的，是一脉相承的。[①] 这就是瑶族寻找千家峒之路，纵然过程艰辛，经历坎坷，时间漫长，但他们始终相信，总会有那么一天，十二姓的瑶民终会集聚在千家峒前，拼合十二截牛角，打开峒门，与久别的祖先热烈地相聚、相拥。

其实，千家峒的确切位置就在每一个瑶民的心中，永远是瑶人心中的圣地。“长鼓瑶人割不断，子子孙孙要归源”，回到千家峒，就成为一代又一代瑶人顽强生存的精神寄托。虽然，寻根的路上，足迹会年复一年地被高山落叶所覆盖，尸骨也会一代复一代地被异乡的泥土所掩埋，但回归的脚步，总是如此地铿锵与坚韧，因为，千家峒有他们筑构的信仰、家园、希望，也延续了一个民族美丽的传奇。

第五节　瑶族自治地方

瑶族的“自治”是有着悠久的历史的。

《评皇券牒》中所谓的“逢人不作揖，渡船不用钱，见官不下跪，耕山不纳税。所管山源田土，离田三尺，水不上之山田山地，俱系瑶人所管，蠲免国税”的敕令，实际上就是早期中央朝廷给予瑶族的一种自治制度。且不论史上是否真有封建朝廷给予瑶族“不交租”、“不纳粮”、“自由管山”的“自治政策”，但从史上瑶族对“不交租纳粮”、“无剥削”、“无压迫”的千家峒生活的无限向往与不懈追寻，就可以知道瑶族对于“自治”的一种希望与渴求。当然，这种“自治”与我们今天所讲的民族“自治”是有着本质的区别的。我们所讲的民族“自治”，体现的是各民族平等和各民族团结的原则，是我国实行民族政策的一种具体体现。

---

① 以上寻找千家峒的事例详见宫哲兵．寻找千家峒．民族团结，1998（7）．

1949年中国人民政治协商会议第一届全体会议通过的《中国人民政治协商会议共同纲领》规定："各少数民族聚居的地区，应实行民族的区域自治，按照民族聚居的人口多少和区域大小，分别建立各种民族自治机关。"正是在这一纲领的指导下，1950年春，根据毛泽东主席的建议，党中央决定派遣中央访问团到全国民族地区开展慰问活动，目的是为了疏通民族关系，消除历史上由于民族剥削和民族压迫制度所造成的各民族之间的隔阂，宣传党的民族政策，加强同少数民族的关系，为新中国的民族工作奠定基石。1951年8月，以费孝通为团长的中央访问团广西分团到达大瑶山进行慰问活动，当月25～29日，广西人民政府在金秀召开大瑶山地区各族代表大会，包括荔浦、蒙山、平南、桂平、象县5县所辖的12个乡的瑶族代表和其他民族代表共246人参加了会议，大会讨论并通过了《大瑶山团结公约》，为大瑶山瑶族自治区的建立奠定了基础。

实际上，瑶族的自治，经历了一个从依照"石牌制"到制定"民族团结碑"的历史过程。石牌是一种带有原始民主性质的法律制度，在大瑶山，凡具有少数民族习惯法性质的规约，不论是刻在石碑上，还是写在纸上、木板上，甚至口头上的"料话"（瑶语所谓的"料"即"议"的意思，"料话"就是经过商议的意见或者规条）。都可以称为"石牌"。[①] 石牌制度是大瑶山瑶族的习惯法，内容涉及有关维持生产活动、保障社会秩序和治安的条例，要求全体寨民共同遵守，因此又称石牌律（法）。旧中国，历代统治者对大瑶山地区都实行过残酷的高压政策，在石牌头人的带领下，瑶族同胞同仇敌忾，利用大瑶山险峻的自然环境，奋勇抗敌，将敌人抵御于大山门外，保住了瑶族先民延续的香火。为了能在这种与世隔绝的世外疆土生息发展，守住大瑶山，石牌头人凭借着自己的能力和德识，根据石牌制的律令，自主地统治

① 郭维利等．盘村变迁．民族出版社，2007：14.

着瑶族的内部社会秩序，协调各民族成员之间的关系，带有一种瑶民自治的特征。新中国成立初期，随着大瑶山解放以及剿匪结束后，大瑶山地区的社会秩序趋于安定，按照《中国人民政治协商会议共同纲领》的规定，实施民族平等政策、加强民族团结和发展生产就成为这一时期大瑶山广大人民群众的一致要求。中央访问团在深入了解了大瑶山石牌制度的历史作用和深刻影响力后，认为可以借助传统石牌制的权威和影响力来制定公约，从而有效地解决瑶族的内部矛盾。1951年8月25日，在中央访问团的直接指导下，旨在解决大瑶山民族团结和促进社会生产问题的金秀大瑶山各族代表大会在金秀村隆重召开。考虑到大瑶山的实际情况和传统文化，与会各族代表决定仿照传统石牌的形式，树立《大瑶山团结公约》石碑，将公约内容铭刻于石碑上，作为增强民族团结、处理社会矛盾纠纷的准则和规范。29日，《大瑶山团结公约》举行立碑仪式，各族代表在石碑前饮鸡血酒，共同宣誓维护石碑条例。在大瑶山一系列《民族团结公约》的影响下，广西全省许多民族地区的兄弟民族也纷纷仿效，相继制定了符合当地情况的《民族团结公约》。《民族团结公约》的制定和实施，是中国共产党民族政策的深入与具体化，它通过各族人民群众传统的、喜闻乐见的乡规民约的形式，把党的民族政策和民族地区的实际情况结合起来，受到了民族地区各族干部群众的欢迎和支持，促进了各民族的团结，建立了新型的民族关系。

瑶区第一个自治政权为1951年1月广西蒙山县人民政府成立的岭祖（今属金秀忠良乡）瑶民自治区人民政府，紧接着又成立了大瑶山东南乡瑶族自治区人民政府。尽管这两个瑶族自治区严格意义上还不是真正的民族自治地方，与后来成立的民族自治地方有很大的区别，但这毕竟让瑶族第一次实现了当家做主的权利，即所谓的“石板下的笋子出头啦”。[①] 1951 年 9 月，全州东山瑶族自治区，是广西成立最早的区级民族自治地方，1955 年 12 月，更名为东山瑶族乡。以上瑶族自治政权的建立，为后来瑶族和其他少数民族地区实行民族区域自治提供了有益的经验。从 1952 年起，瑶族主要聚居区区域自治开始逐步推行。1952 年 5 月，广西省人民政府第五十三次行政会议通过建立县级的大瑶山瑶族自治区的决议，当年 5 月，大瑶山瑶族自治区首届人民代表会议在金秀举行；1953 年 4 月，政务院批准设置大瑶山瑶族自治区，这是中国第一个瑶族县级自治地方；1955 年 9 月，更名为大瑶山瑶族自治县；1966 年 4 月，又更名为金秀瑶族自治县。1952 年 5 月，政务院批准成立县级广东连南瑶族自治区，1953 年 1 月，召开首届各族各界人民代表大会，1954 年 6 月，更名为连南瑶族自治县。1955 年 8 月，国务院批准成立湖南江华瑶族自治县，10 月，第一届江华县人民代表大会第三次全体会议通过了《江华瑶族自治县人民委员会组织条例》和《关于加强民族团结的决议》，11 月，江华瑶族自治县成立。1955 年 9 月，国务院第十八次会议通过了《国务院关于撤销都安县建制，成立都安、巴马两个瑶族自治县的决定》，当年 12 月，都安瑶族自治县成立，1956 年 2 月，巴马瑶族自治县成立。1956 年，国务院第四十一次会议批准粤北的曲江、乳源、乐昌三个县的瑶族聚居地建立韶边瑶族自治县，1957 年 6 月，韶边瑶族自治县成立，1958 年 12 月，撤销建制；1963 年 6 月，国务院第一百三十三次会议批准广东乳源瑶族自治县，9 月，召开第一届第一次人民代表大会，10 月，乳源瑶族自治县成立。1960 年 3 月，国务院批准云南省河口县和屏边县合并成立河口苗族瑶族自治县，11 月，河口苗族瑶族自治县成立，1962 年重新恢复河口、屏边两县建制，河口苗族瑶族自治县撤销；1963 年，国务院第一百一十七次会议批准建立河口瑶族自治县，同年 7 月，河口

---

① 转引自奉恒高主编．瑶族通史（中卷）．民族出版社，2007：650.

瑶族自治县成立。1983 年 8 月，国务院同意成立广西富川瑶族自治县，同年 12 月，召开全县第一届人民代表大会，1984 年 1 月，富川瑶族自治县成立。1987 年，国务院批准成立广西大化瑶族自治县，1988 年 10 月，大化瑶族自治县首届人民代表大会第一次会议召开，大化瑶族自治县成立。1990 年 2 月，经国务院批准，撤销广西恭城县，在原恭城县的行政区域设立恭城瑶族自治县，同年 10 月召开成立大会，恭城瑶族自治县成为岭南大地最年轻的瑶族自治县。

金秀瑶族自治县茶山瑶村落　（李桐摄）

其他瑶族聚居区也实行了民族区域自治，如 1951 年 8 月，广西龙胜各族联合自治区成立，这是全国最早成立的 5 个县级民族自治地方之一，也是中南地区成立的第一个县级民族自治地方，成立大会上，有瑶族同志被选为了副区长，被认为是“盘古开天地以来没有过的事”。[①] 1955 年 9 月，龙胜各族联合自治区改为龙胜各族自治县。1957

① 《龙胜各族自治县概况》编写组．龙胜各族自治县概况．广西民族出版社，1985：58.

年 3 月，广东省防城县析出部分辖地成立十万山僮（“僮”即“壮”，1965 年，在周恩来总理的建议下，“僮族”改称为“壮族”）族瑶族自治县，1958 年 5 月，更名为东兴各族自治县，1965 年 6 月，东兴各族自治县及防城县等改属广西壮族自治区，1978 年，东兴各族自治县县治迁往防城镇，改名防城各族自治县，1993 年，防城各族自治县撤销，成立防城港市。1958 年 5 月，国务院批准成立连山壮族瑶族自治县，1962 年 9 月，全县第一次人民代表大会召开，连山壮族瑶族自治县宣告成立。1985 年 6 月，国务院批准撤销云南省金平县，12 月，金平苗族瑶族傣族自治县正式成立。除此之外，民族乡虽然不是民族区域自治的形式，但作为民族区域自治的一种补充形式，也是我国解决民族问题、让少数民族当家做主的一种形式，根据统计，全国共有 113 个瑶族乡，其中：云南省有 50 个，广西壮族自治区有 45 个，贵州省有 7 个，广东省有 6 个，云南省有 5 个。①

从“石板下的笋子出头啦”、“盘古开天地以来没有过的事”等话语中我们可以知道，这是一个苦难的民族，迁山过海，风餐露宿，经历了世间的一切冷遇与苦情；这也是一个顽强的民族，以脚印丈量岁月，以汗水追逐远方，生生长流，世世传承；这更是一个幸福的民族，山，坚硬了他们伟岸的身躯；水，形塑了他们绵延的族脉；时代，赋予了他们自由的意志。今天的瑶族，正沐浴在党和国家民族政策的阳光雨露中，热热闹闹、欢呼雀跃地迎接新的生活，开始新的征途。

① 奉恒高主编．瑶族通史（下卷）．民族出版社，2007：1277～1282.

第四章

丰富多彩的瑶族文化

与悠久的民族历史相伴相生的往往是多姿多彩的民族文化，瑶族，这个古老的民族同样也不例外，而且，由于瑶族在其漫长的历史进程中还进行了大范围、远距离的迁徙，与许多不同时期、不同地域的民族产生过交往、交流，不同的民族文化之间相互吸收、互相借鉴，因而，瑶族文化更显其丰富、厚重。宽严相济的社团组织、雅俗共赏的民间歌舞、不拘一格的瑶居建筑、独特精美的染织技艺、精深神秘的创世史诗，无不显示出瑶族文化的博大与神奇。所以，走进瑶山，就如走进了一个博物的世界。

第一节 “石牌”与“油锅”

国有国法，家有家规，当然，族也有族规。石牌制与油锅组织便是瑶族的族规。

“石牌大过天。”“没有神仙管不到的鬼，没有石牌管不得的人。”这是流行在大瑶山地区的民谚，从中可以看出石牌制在大瑶山的影响之大及其在瑶族心目中的神圣地位。

石牌是一种带有原始民主性质的法律制度，在大瑶山，凡具有少数民族习惯法性质的规约，不论是刻在石碑上，还是写在纸上、木板上，甚至口头上的“料话”，都可以称为“石牌”。石牌制度是大瑶山瑶族的习惯法，内容涉及有关维持生产活动、保障社会秩序和治安的条例，要求全体寨民共同遵守，因此又称石牌律（法）。这是一种习惯法，也是一种社会道德的操守。在广西金秀大瑶山龙军村，至今还保留着两块最早的石牌，一块立着，一块躺着，据称，立着的一块代表着真理，告诫人们要走正道；躺着的一块代表着邪恶，表示那些品行不端的人终究会倒下。迄今为止，在瑶族地区共发现了 74 块石牌，其中仅金秀大瑶山就有 45 块。[①] 正是这些石牌，恪守着瑶族初始的道德准则，使得瑶族在长期的发展过程中，逐渐形成了注重道德品质、讲究个人修养和形象的民族。

据史料记载，石牌制产生于明代。大瑶山海拔较高，山势陡峻，森林茂密，聚居于此的瑶族在这种艰苦的环境下，长期采取刀耕火种的游耕生产方式，“刀耕火种的生产方式产量极低，单位面积可容纳的人口数量有限，而且迁徙频繁，导致了瑶族‘大分散，小聚居’的局面，致使瑶族一直未能形成政治、经济、文化中心，没有建立自己的民族政权。”[②] 面对历代封建统治者的民族剥削与民族压迫，瑶族人民为了共同杀敌抗夷，确保瑶族先民香火相承，繁衍后代，于是民主推选出自己的领袖，举行大会，共同订立条规，将条规内容铭刻于石碑，并誓言严守，这就是大瑶山石牌制度产生的原因。它是大瑶山瑶族在历史上为求得生存发展和社会安定而建立的具有自卫自治性质的法律制度和社会组织。在石牌制管理下，瑶族人民结盟杀敌，既不向官府

① 莫金山．金秀大瑶山——瑶族文化的中心．广西民族出版社，2006：64.

② 周世中．论瑶族石牌的性质及其现实影响——黔桂瑶族、侗族习惯法系列调研之四．河北法学，2006（11）．

缴纳皇粮国税，也不承担徭役兵役，过着自治、自律、自耕、自食的社会生活。因此也可以说，这是大瑶山的瑶族人民在国家政权统治、政府管理缺位的情况下，完成的一种民主自我治理的过程。

石牌有一个支系的，也有跨支系的；有一村或数村的小石牌，也有几十个村的大石牌，还有包括整个大瑶山地区的总石牌。每个石牌都有自己的头人，大石牌的头人叫“大石牌头人”，小石牌的头人叫“小石牌头人”。由于大小石牌的地位和作用不同，其头人产生的方式也有区别，但综合起来，不外乎以下三种：一是由宗教（道家）的师公和道公转变而来；二是由有“才德”者担任；三是由老头人培养而成。由于石牌头人履行职务多属义务性质，没有任何报酬，所以一般要求石牌头人必须有“公心”，不关心集体事务者不能成为石牌头人。每个石牌还有自己的石牌条文，即石牌律。石牌律由石牌头人根据本民族的传统精神，针对要解决的各种问题先草拟出来，然后召开由各户户主参加的“石牌大会”，对石牌律进行讨论、修改或补充。凡经会议通过的石牌律，或镌刻在石碑上，立于集会之地；或用木板、纸张书写发给各村，成为约束石牌内各成员日常生产、生活的行为规范。有的地方立石牌要杀猪宰牛，喝鸡血酒，以示神圣，供大家共同遵守。平常若发生小的矛盾或纠纷，石牌头人可以根据所订石牌条文自行进行调查、处理。如发生重大事件，石牌头人自己难以解决时，则由其召集举行石牌会议，共同商定处置方案。石牌律规范的内容十分广泛，其目的主要是维护当地的生产、生活秩序和传统伦理道德，抵御外来（包括外人和外族）侵犯。

“油锅”组织是广西、贵州白裤瑶特有的一种以血缘为纽带的父系家族组织，白裤瑶语称为“破卜”，意为“同在一个锅里吃饭”，即“同锅吃饭，有事互帮”。关于油锅组织的产生，背后还有一个传说：古时，有瑶族两兄弟一起进山伐木，不幸被木头压死，死后变成鬼，回村扰乱闹事，使人畜不能安宁，于是，同一姓氏的族人便凑钱来组织一个油锅，请魔公（一种宗教神职人员，据称可以驱邪祈福）。来作法念咒，驱除鬼邪，保家平安。[①] 据考证，油锅组织在白裤瑶地区已有数百年的历史。[②] 油锅组织一般由同姓同宗的人组成，规模不一，但最少必须为两户以上，规模大的可达三四十户。若同姓的人口发展过快，户数多，则可以按照近宗的原则再组成若干个油锅组织。一般情况下，异姓或者同姓不同宗的人不能加入，否则，必须备办酒席，宴请油锅组织的全体成员，经大家同意方能加入。

各个油锅组织都有自己的头人，一般由辈分较高、年岁较长、办事公道、能说会道、热心公益、德高望重的男性担当。头人的地位不能世袭，没有特权，也没有报酬，但油锅组织的名称要根据头人的名字来命名，以此来区别于其他油锅组织。头人负责主持油锅组织内部的祭祀活动，安排、组织生产和狩猎，维护社会传统道德和民族的传统习俗，调解油锅组织内成员之间的矛盾、纠纷，组织、抵御外敌入侵及抵抗自然灾祸等。作为油锅组织的成员，除了享受一定的权利，还要担负一定的义务，如在油锅组织内，不论谁家举办婚嫁、丧葬、建房等活动，各个成员都要自觉前往帮忙；谁家生活困难或者是遭遇灾祸，其他成员也要积极想办法，相互帮助，共渡难关，否则，则被视为失去油锅组织成员的资格，就会被开除出油锅组织。

各油锅组织之间没有隶属关系，但有明确的山场、耕地等界线，区域内的土地和财富属于油锅成员共同拥有，允许各成员自由入内采集、狩猎或垦殖，但其他油锅组织成员不能入内。除此之外，在同一油锅组织内，大家平均分配公共收益；如果油锅组织内的成员要出卖土地，其他成员有优先购买的权利；无子嗣的成员在经油锅会议后可

---

① 黄钰，黄方平．瑶族．民族出版社，2004：22.

② 覃乃昌主编．广西世居民族．广西民族出版社，2004：83.

以收养继子，继子有继承其财产的权利；成员如无子嗣又无养子，其田产则由叔伯兄弟均分，如无叔伯兄弟，则其财产作为油锅组织的公共财产。

油锅组织内部这种生活、生产中实行互助、财产共有及平均分配、共同御敌等功能，带有明显的以血缘为纽带的原始民族组织的色彩。这是一种与生产力水平低下、经济发展滞后相随相生的社会组织，在当时的条件下，起到了一种凝聚族群力量、共同发展传承的作用。但随着生产力和社会发展水平的提高，这种相携抱团的社会组织也日趋失去其生存的土壤，其作用也日趋衰微。新中国成立后，随着民族政策的实施，白裤瑶地区的经济、社会有了迅速的发展，油锅组织也逐渐退出了历史的舞台，直至完全消失。

无论瑶族再怎样不停地迁徙，再怎样不止地跋涉，总能“形散而神不散”，总能一生严谨、守纪律、遵道德；总能诚实、勤劳、本分、无欺。这实际上就是一种民族的品性，一种道德的操守。一旦这种品性成为一种习惯，这种操守开始根深蒂固，那么，这个民族的血脉，这个民族的传承，就会得以永恒，得以亘古，世世代代，如山厚重，似水绵延。

第二节　长鼓舞与铜鼓舞

瑶不离鼓，鼓不离舞。

走进瑶山，你就走进了一个鼓的世界，一片舞的海洋。

每一个瑶民，都是一个鼓手；同时，每一个瑶民，也是一个舞者。那轰隆铿锵的鼓声，忽高，忽低，渐近，渐远；那如痴如醉的舞步，前弹，后跳，左腾，右挪。那舞场上，那旷野中，鼓随舞动，舞起鼓隐，一切，既充满了庄重、肃穆，又不失喧闹、戏谑。对瑶族来说，鼓可以传谕神灵，通达神旨，同时也是召集部众祭祖、战争或庆贺的工具，承载着民族的精神文化传统；而舞，则是与祖先交流的媒介，抑或痛苦，抑或欢乐，抑或悲怆，抑或愉悦，一切，都可以通过舞步，与祖先沟通，向后人昭示。

最庄重、最神秘，也最令人神往的，还是瑶族那长鼓舞。长鼓舞又名黄泥鼓舞，是信仰盘王的瑶族支系为纪念盘王而创编的祭祀舞蹈。相传，始祖盘瓠与评王三公主结婚后，隐入会稽山生活，山区生活条件恶劣，除了游耕之外，还得进行围山狩猎，方能维持生计。一日，盘瓠到山上狩猎，与一只凶猛的羚羊相遇，几经搏斗，盘瓠被羚羊用角撞下山崖，不幸身亡。山中百鸟闻讯飞来，以繁花百草遮住盘瓠尸体，环绕着，哀叫着；盘瓠的子孙闻讯赶来，砍下山上的泡桐木做成鼓身，猎杀羚羊以羊皮蒙做鼓面，边跳边舞，厚葬盘瓠。此后，敲长鼓，跳长鼓舞，吊祭盘瓠，就这样世世代代传承了下来。而在广西大化等地的布努瑶支系又传其始祖蓝公助评王打败高王，当上了驸马，并传下了蓝、蒙、罗、韦等姓瑶人后代，后蓝公被羚羊所害，子孙后代历经12年的追逐，最终才把羚羊猎杀，给蓝公报了仇，所以，每隔12年，就举行一次隆重的祭始祖蓝公的活动，打鼓跳舞，极尽尊崇之情①……虽然，传说内容总有因时因地而异，但以鼓祭祖、以舞娱神却是同一的传承。

长鼓舞有着悠久的历史，正如瑶族这个族群一样，血缘之脉有多亘古，长鼓舞的历史就有多亘古；迁徙之路有多漫长，长鼓舞的历史也就有多漫长。如果说，传说只是一种口头传承，不足以明晰其中的历史脉络，那么，我们就从历史考古中去探索长鼓舞的历史记忆吧。从考古发掘来看，殷墟曾出土过木鼓，河南楚墓出土过绘漆的木鼓，战国秦汉画像资料中也有大小种类、形状不同的木鼓。屈原曾在其

---

① 冯艺．瑶风鸣翠．广西民族出版社，2010：28～29.

瑶族长鼓舞　（李桐摄）

《楚辞·九歌·东皇太一》中记叙："扬抢兮拊鼓，舒缓兮安歌。"这种且歌且舞的情形与瑶族长鼓舞的形式完全一样；东汉王逸在《楚辞章句》中亦写道："昔楚国南郢之邑，沅湘之间，其俗信鬼而如祠，其祠必作歌乐鼓舞，以乐诸神，男女并舞。"而沅湘之间正是瑶族先民居住的地方，其俗与今瑶族"还盘王愿"、"度戒"无多大差别。以上资料说明，长鼓舞在春秋战国时期就已经被瑶族先民用来娱人与娱神。[1] 从史料来看，早在唐代，我国就有关于瑶族跳长鼓舞的记载，如《旧唐书·刘禹锡》中就载："蛮俗好巫，每淫辞鼓舞，必歌俚辞。"这里的鼓舞，很可能就是瑶族现在的长鼓舞。到了宋代，关于瑶族鼓舞的记载就相当详尽，如范成大在《桂海虞衡志》中就详尽描述了长鼓的特征："瑶本盘瓠之后……有乐器名'长篌'，长三尺余，刳梓木为之，

① 胡玲梅．瑶族长鼓舞的审美艺术特点．黄河之声，2011（4）．

皮冒两端，涂泥而后击。”周去非在《岭外代答》中也有长鼓特征的描述：“猺人之乐，有卢沙、铳鼓、胡卢笙，竹笛……铳鼓乃长大腰鼓也，长六尺，以燕脂木为腔，熊皮为面。鼓不响鸣，以泥水涂面，郎复响矣。”而沈辽在《踏盘曲》一诗中则生动地咏记了长鼓舞的舞法：“湘水东西踏盘去，青烟白雾将军树，社中饮酒不要钱，乐神打起长腰鼓。女儿带环着缦布，欢乐捉郎神做主。明年二月近社时，载酒牵牛看父母。”至明末，顾炎武在其《天下郡国利病书》一书中描写了跳长鼓舞的场景：“衡人赛盘古……今讹为盘鼓，赛之日，以木为鼓，圆径一斗余，中空两斗大，四尺长，谓之长鼓。二尺者，谓之短鼓……有一巫人，以长鼓绕身而舞，又二人，复以短鼓，相向而舞。”从以上史料记载中可以看出，瑶族跳长鼓舞的目的主要是为了娱神、娱人、恋爱，这与今天是完全一样的，是一脉传承的，说明“长鼓舞”之风早已盛行，源远流长。

虽然，经过漫长的历史发展，在盘瑶、平地瑶、排瑶、山子瑶、坳瑶、土瑶等各支系中，长鼓舞所表现的具体内容和形式各有差异，但归纳起来主要有以下几种形式：[①] 一是小长鼓舞。这是在瑶族地区流传最为广泛、也是花样最为繁多的一种舞蹈形式，因此又叫花鼓舞。其所表现的内容多为日常的劳动和生活场景，如建造房子、制作长鼓、开山挖地、舂米等；按照身体不同部位转动和腿的曲蹲程度，可以分为高桩鼓、中桩鼓、低桩鼓、高桍鼓四种打法，一般是左手横握鼓腰中部，上下翻转舞动，右手随之拍打鼓面等，其常用的动作有打鼓花、蹲拜鼓、磨鼓、马步鼓等，此外，还有抛鼓、踢鼓、十八响、鹞子翻身、盖顶莲花、金鸡抓米、猴子捧瓜、画眉跳杆、车筒倒水等一系列高难度的动作。二是大长鼓舞。为一种大场面的娱乐性舞蹈，又称为圆圈舞。参舞者人数不限，一般是两鼓为一组，对立而站，舞鼓者将

① 蒲朝军，过竹主编．中国瑶族风土志．北京大学出版社，1992：247～249.

长鼓横挂于腹部，左高右低，左手扣在大鼓头边上，右手扣在小鼓头边上，以掌击鼓；领舞者先击一拍，众鼓手随之击打半拍，鼓落舞起，时而横穿直插，时而大圈绕行，时而小圈聚拢，行、跑、跳、蹲、挫、旋、顶、斗、回旋、俯冲、厮杀，各种动作，此起彼伏，豪迈、奔放、刚强、勇猛。三是黄泥鼓舞。黄泥鼓有公鼓与母鼓之分，一般是一只母鼓配四只公鼓。舞时，母鼓斜横挂于胸前，双手拍击，公鼓竖着拿在手中，应和着母鼓敲打，其间，衣着节日盛装的姑娘，在一位歌师的率领下，如一只只暖阳中轻舞飞扬的蝴蝶，手挥花巾，穿插于鼓队当中，且歌且舞，飘逸洒脱。其中，以广西金秀的黄泥鼓舞最具特色，曾经多次在全国民运会和自治区民运会上进行汇演，2007 年 11 月曾代表广西壮族自治区参加全国第八届少数民族传统体育运动表演项目大赛，获得金奖。

因为历史悠久，也因为文化积淀深厚，所以，长鼓舞是神圣的，是庄严的，只有在过盘王节或者是遇重大喜事时才跳，这已经成为瑶族各支系在长期的历史发展过程中相互遵守的规则，实际上，这已经成为维系瑶族民族凝聚力的纽带，也是瑶族传统文化的重要表征。当你走进瑶山，当你沉浸在轰隆的鼓声中，当你置身于如痴如醉的舞群中，你就会感觉到，这就是一种族脉的召唤，一种精神的皈依。

除了长鼓舞，还有铜鼓舞。铜鼓舞主要流传在广西都安、巴马、大化、马山、东兰、南丹一带的布努瑶地区。铜鼓舞的来源，同样流传着一个美丽的传说：在很久很久以前，天和地还没有分开，中间隔着一个大铜鼓，铜鼓有着九十九条金龙盘托，有九十九只凤凰陪伴。铜鼓里面睡着一个高大的女人，她头枕着一对铜鼓，一睡就是九千九百九十九年。这就是布努瑶的始祖母密洛陀，她高大无比，一双脚板可以踩过深四万八千丈的东海，膝盖头高过十万八千丈的罗立山，一个巴掌可以盖过千万里的九州平地，头发长过千万里长的大江大河。

一天，电闪雷鸣，原本粘连成一体的宇宙裂开了一条缝，金龙凤凰齐声鸣叫："醒来啰，密呀密（"密"布努瑶语为"母亲"之意），快快来创世界，快快来造乾坤！"于是，密洛陀醒来了，开始创造世界，万物人类诞生了。后来，密洛陀将铜鼓传给了布努瑶，布努瑶敲响铜鼓，那烦闷的人一听到铜鼓声心情就愉快了，那野兽一听到铜鼓声就不敢再来糟蹋庄稼了，那雀鸟一听到铜鼓声就再也不敢来偷吃小米了……从此，瑶家欢乐了，庄稼丰收了。再后来，为了不忘密洛陀的恩情，因为铜鼓曾经孕育过始祖母密洛陀，所以，在每年农历五月二十九这一天的祝著节，布努瑶就敲击铜鼓，把盏欢歌，缅怀先祖。

铜鼓同样有公铜鼓与母铜鼓之分，一般分室内演奏和室外演奏两大类。室内演奏规模较小，将公、母两面铜鼓高悬于堂屋左右的梁上，公鼓居右（下），母鼓居左（上）。击鼓时，女打公鼓，男打母鼓，先击母鼓，后击公鼓，以示母亲为大，父亲次之。长者先击鼓三下为"指挥鼓"，其余成员依大小次序而击之，有条不紊。室外演奏则场面较大，多在开阔的场地进行，以竹、木搭架悬鼓，数目不限，有双锤擂击鼓面中心法、单锤侧击鼓边或鼓身法、二人抬鼓行击法、悬鼓敲击法等多种演奏方法。演奏时，除了敲击铜鼓，多有其他配乐合奏，或与大鼓合奏，或与小皮鼓合奏，或与音桶配音并加以皮鼓合奏等。

巴马瑶族祝著节中的瑶族与铜鼓　（李桐摄）

铜鼓有十二套传统的打法，从不同的角度，用不同的方法来表现耕作、狩猎，与大自然作斗争等各种生活生产的场景，动作勇猛、粗狂、刚劲、有力；舞姿优美、飘逸、轻盈、大方。铜鼓队跳过之后，退居一隅，依然不停地、有节奏地敲锣打鼓，这时，身穿节日盛装的青年男女进场，踩着鼓点，欢悦地跳起了传统的民族舞蹈。当然，不同的瑶族支系及其铜鼓舞的演奏、配乐方式也是各有特点的，如番瑶在跳铜鼓舞时，一般由一男三女组成，二女面对面敲击铜鼓，一男则于一边敲击皮鼓伴奏，并以传统式鼓点与节奏边击边舞，另外一女则手持瑶锦带、藤圈、竹帽等物，踏着鼓点节奏起舞，动作敏捷，舞姿健美，节奏明快。传统的祝著节打铜鼓，是要敲十天铜鼓、跳十天铜鼓舞的，聚众数万，以此来表示对祖先的怀念之情，同时也预祝庄稼丰收。

当鼓声响起，当舞姿扬起，无论是场中那如痴如醉的舞者，还是场外那激情欢悦的观众，都陷入了一种歌舞魅影、人神混杂、时空错乱的世界里，其中，有祖先的恩训，有后人的呢喃，有巍峨的瑶山，有潺流的溪水，有迁徙的脚步，有游走的时光，也有丰硕的憧憬。这时，物我已经两忘，唯一的记忆，则是那一幅幅艰苦卓绝的大迁徙的风景，那暖阳下无比灿烂的山谷，那秋收中无比沸腾的瑶寨……

好年景 （李桐摄）

第三节 盘王节与祝著节

有一种恩情无法取代，那叫宗恩；有一种节日叫作感恩，那叫盘王节与祝著节。

盘王节与祝著节，都与远古祖先有关，一个是纪念远古祖先盘瓠，一个是缅怀始祖母密洛陀。虽然两者的内容有所差异，但其中都浸润了对祖先的尊崇与赞美；虽然行遍千山万壑，踏涉江河湖海，血脉里，汹涌的、奔腾的、呐喊的，总是那祖先史诗般的传奇。于是，无论身居何方，心泊何处，都有一种同根共祖的认识，都有一个凝聚族脉和聚族欢愉的盛典。

盘王节祭奠的是盘瓠。盘王节又称“做盘王”、“跳盘王”、“游盘王”、“还盘王愿”、“祭盘王”等，是瑶族人民纪念祖先盘瓠的盛大节日。

盘王节祭奠盘王有着悠久的历史。早在晋代，干宝所著的《搜神记》中，就有瑶族先民“用糁杂血肉，叩槽而号，以祭槃瓠”的记载，唐代诗人刘禹锡也在其诗《蛮子歌》中说到瑶族“时节祀槃瓠”。以此推算，瑶族祭祀盘王过盘王节，距今已有千年以上的历史，是瑶族历史上最久远的传统节日。

盘王节期间，家家户户要杀牲设宴，款待亲朋好友，并盛装打扮，访亲探友，互致良愿。节日一般三天两夜，也有长达七天七夜的。新中国成立以前，瑶族过盘王节主要是以祭祖、娱神为主，兼有娱人的成分，而跳长鼓舞、唱《盘王歌》是其中最主要的内容，也掺杂有唱历史歌、爱情歌、生产歌，打花棍，放花炮，请戏班子唱戏等，具有浓厚的民族色彩和生活气息，同时也表现了瑶族人民对祖先的怀念之情和对美好生活的追求。新中国成立以后，盘王节祭祖、娱神的成分

逐渐减少，娱人的成分逐渐增加。但无论如何变化，“唱”和“跳”都是盘王节最主要的活动形式，通过唱歌、跳舞，以此达到娱祖、娱神、娱人的目的。“唱”以唱《盘王歌》为主，《盘王歌》是在会歌堂中形成的史诗，亦是一部脍炙人口的瑶族诗歌总集，内容涉及祖先创世、迁徙、耕山、狩猎、爱情、婚姻等各个方面，唱完一部完整的《盘王歌》需要七天七夜。“跳”则以跳长鼓舞为主，有盘王舞、兵将舞、刀舞、三元舞等，其中以跳盘王舞最具特色。跳盘王舞时，舞场四周悬挂盘王神像以及“国泰民安”、“万代兴隆”等条幅标语，舞姿模仿生活、生产、狩猎等各种动作，活灵活现，妙趣横生。除了唱《盘王歌》、跳长鼓舞之外，盘王节还是年轻人谈情说爱和中老年人相互交流生活生产经验的场所。这期间，各村各寨的瑶族青年欢聚一起，在村里寨外摆起歌堂，以歌会友，以歌传情，通宵达旦，尽情欢悦。未婚的小伙、姑娘常常通过对歌物色对象，以此情定终身；中老年人则聚在一起，把盏叙旧，或是相互介绍，交流生活生产经验，或是相互预祝来年五谷丰登、六畜兴旺、人丁康健。整个盘王节气氛热烈，内容丰富，生气盎然。

过去，各地举行盘王节的时间不一，1984 年，来自全国各地的瑶族干部、专家学者集中广西壮族自治区南宁市开会，一致商议将盘王节定为瑶族的统一节日，时间为每年农历十月十六日。1992 年在广西壮族自治区贺县（今贺州八步区）举办第一届湘粤桂三省区十县市南岭瑶族盘王节，第七届更名为中国南岭瑶族盘王节，第八届更名为中国瑶族盘王节，至 2010 年已经举办了十一届。现在，盘王节不仅是南岭地区一个盛大的传统佳节和独具风采的文化活动，而且也是一个集经济、旅游、贸易等于一身，促进区域间合作与发展的平台，成为全国乃至全世界瑶族的盛会。今天的盘王节，不仅发展成为庆祝丰收的联谊会和青年男女寻觅佳偶的契机，而且节间还举办物资交流、商品展销及各项文体表演竞技活动，观者云集，盛况空前，既起到了传承和发扬瑶族传统文化、增强瑶族凝聚力的作用，也发挥了其巨大的经济效益，促进了瑶区经济社会的快速发展。

祝著节又称“达努节”、“祖娘节”、“二九节”、“盘古节”、“瑶年”，是桂西北地区瑶族的一个盛大节日，是为纪念瑶族创世女始祖密洛陀而举行的，于每年农历五月二十五至二十九进行，主要流行于巴马、都安、大化、马山等区域。

关于祝著节的来源，同样流传着众多美丽的传说：一说远古的时候，有两座高耸的宝山，遥遥相对，一座亭亭玉立如女子，一座威武挺拔如男子。两座山每年都彼此靠近一点，经过了九百九十五年，两山相接。相接时，霹雳大作，山腰裂口，从中走出了一男一女，男的是瑶族始祖布洛西，女的是瑶族的始祖母密洛陀。他们结合后，生下三个儿子。后来，布洛西外出去赶山造河，临行前叮嘱密洛陀要好好抚育孩子，并教孩子本领。密洛陀将孩子养大后，让老大扛着犁耙到平原耕耘“五谷”，创家立业；让老二扛着锄头、刮子到坡岭垦荒种玉米，安家落户；让老三到深山老林去开荒种地，但由于山里鸟兽众多，时常危害庄稼，造成作物歉收，于是密洛陀就给老三一面铜鼓和一只雄猫，这样，敲击铜鼓可以驱赶鸟兽，放出雄猫则可以捕食山鼠，最后，庄稼也获得了大丰收。于是，在农历五月二十九密洛陀生日这一天，三兄弟携带着妻子儿女，敲击铜鼓，捧着米酒，来给密洛陀祝寿。此后，世代相传，沿袭成俗。[①] 一说在天地混沌的远古时代，有一座名叫“密洛陀”的大山，经过九百九十五年，突发一声巨响，从山肚里爆出了一位女神，这就是密洛陀。密洛陀开始造世界：造天、造地、造山、造河……就在这时候，突然吹来一阵风，使密洛陀怀了孕，生

① 覃乃昌主编．广西世居民族．广西民族出版社，2004：86.

下了九个儿子。密洛陀让九个儿子去找树种来育苗造林，然后造蜜蜂、蝴蝶、猴子、牛、马、猪、羊、鸟、熊、果子狸等各种动物。最后，密洛陀又叫九个儿子造人，用蜂蛹做人身，用蜂蜡捏成人头、人手、人脚，拼成人样，放入缸里，经九个月后，变成了婴儿，婴儿吃着密洛陀的乳汁，学会了讲话，长大后，密洛陀又让他们相互结婚，并分散到各地居住，这就是后来的各支系的瑶族。为了感谢密洛陀，子孙后代就在五月二十九密洛陀生日这一天给密洛陀祝寿，并举行各种庆祝活动。[①] 又说很久以前，瑶族的祖先发动群众抗拒当地土司的剥削勒索，被土司关押了起来。为了救祖先，瑶族人民纷纷起来反抗，经过长期的斗争，终于在农历五月二十九这一天将祖先救了出来。为了庆祝胜利，大家聚在一起载歌载舞、吃喝玩乐了三五天。从此，每逢五月二十九，瑶族人民便杀猪宰羊，大摆筵席，请亲戚朋友痛饮三五天，以示胜利和丰收。[②]

祝著节这一天，家家户户要打扫卫生，将屋里屋外收拾整齐干净，然后杀猪宰羊，酿造米酒，做糯米粑粑，准备节日的盛宴。无论男女老少都穿上节日的盛装，成群结队来到预定的场地，敲起铜鼓，吹起唢呐，载歌载舞，热闹非凡。男女青年则三三两两、成群结队聚在一起，相互对歌，互诉衷情。打铜鼓、跳铜鼓舞依然是祝著节的主要活动项目。铜鼓是布努瑶珍贵的礼仪用器，一般平日封存，不能随便敲打，只有在盛大节日或碰上其他大事时才能启用。祝著节这一天，有铜鼓的人家都会在自家堂屋举行开鼓仪式，然后将其请出，由年轻人抬着，敲打着走村串寨。有时候十几面铜鼓甚至数十面铜鼓汇集在一起敲打，配以皮鼓、铜锣、唢呐以及头戴面具的舞者，场面宏大，气氛热烈，热闹非凡。过去，祝著节期间，族中长者还唱颂《密洛陀》

① 蒲朝军，过竹主编．中国瑶族风土志．北京大学出版社，1992：405～406.
② 姚舜安主编．广西民族大全．广西人民出版社，1991：564.

巴马瑶族祝著节送客的红蛋　（李桐摄）

长歌，以此来表达对祖先的怀念，教育子孙后代不忘本民族的悠久历史和光荣传统，增强本民族的凝聚力。除了打铜鼓、跳铜鼓舞，祝著节上还进行斗鸟、赛弓弩、赛马、打陀螺、对歌等各种活动。特别是那些年轻的姑娘，身着节日的盛装，头裹图案精致的黑头巾，腰围彩裙，胸挂项链，耳戴银环，手戴银镯，更加增添了节日的气氛。

随着时代的变迁，祝著节原先祭奠的色彩也已经日趋淡化，更多的是增加了娱乐性、贸易性的内容，以巴马县为例：巴马祝著节一般在该县东山乡举行，通常欢庆三天。2008 年，巴马瑶族同胞在县文化广场举行盛大庆祝活动，这也是该县首次将祝著节系列活动移至县城举办。当天祝著节活动的内容有陀番舞表演、铜鼓舞表演、瑶歌表演唱、唢呐表演、抛绣球表演、民族服饰展示、射弩、打陀螺、斗鸟等。

除此之外，在以后举行的祝著节还引进了商贸、经济交流、旅游等内容。目前，祝著节已经成为巴马寿乡（广西巴马瑶族自治县是世界长寿之乡）民族文化旅游的一个品牌。

所以，去瑶山，最好的选择该是农历的五月和十月。这一趟，不是去看山，不是去赏水，更不是去猎奇，而是为了融入到瑶族祖先崇拜的那种原生形态中，去感触瑶族那种已经内化的、强烈的民族精神，去与瑶族祖先那种创业的艰辛、迁徙的悲壮及不屈不挠的性格相交相融。这时，你就会发觉，你已经成为瑶山的人，熔铸了瑶山的魂。

第四节 《盘王歌》与《密洛陀》

有一种传承，叫口头传承；有一种歌曲，叫祖源之歌；有一种族脉，叫源远流长。

这是一种有关根性的记忆方式，正穿越层层叠叠的岁月，以一种潮涌的力量，荡涤着那物换星移、沧海桑田的瑶山。于是，那一阵阵激越、悠扬、悲怆的歌声，就这样，引导着那些曾经的或者正在迷途的灵魂，一步步、一程程地回归祖源。

这就是瑶族的《盘王歌》与《密洛陀》，关于宗恩、追寻、皈依的命运之曲，关于繁衍、生存、传承的灵魂之声。

《盘王歌》是瑶族具有代表性的一部古典诗歌集，它是伴随着远古瑶族先祖祭祀盘瓠而产生的一部宗教历史长歌，又称《盘王大歌书》、《盘王大歌》、《大歌书》、《盘古书》、《还愿歌》等，广泛流传于勉语支的瑶族中。它主要讲述的是瑶族社会发展最初阶段的生活和斗争的图景，包括了瑶族先民在童年时代对宇宙万物、人间万象的种种解释和看法，还容纳了许许多多具有阶级特点的美妙神话，形象丰富、语言朴素，极富瑶族的特色，充分显示了瑶族在艺术上的智慧和才能。完整的《盘王歌》共有 11 000 多行，分三部分：第一部分为祭神歌，2500 多行；第二部分为论世歌，叙述了天地万物、人类、民族的形成和发展，以及人类始祖创世的艰辛，文学色彩较浓，又分二十四路和三十六段两种唱本，共有 7500 多行；第三部分为《流落歌》和《图诗歌》，内容较杂，论世、祭神兼有，共 1200 多行。①《盘王歌》是以手抄本的形式流传于民间的，各地版本在行数、字数上并不一致，但至少也有几千行以上。据称，最早的抄本于 1987 年在湖南江永县发现，抄本共有 187 页，32 段歌词，为南宋度宗乙丑年（1265 年）的抄本。②

《盘王歌》产生于何时，学术界说法不一。刘保元根据瑶族早在晋代就有瑶族先民“用糁杂血肉，叩槽而号，以祭槃瓠”的记载以及唐代诗人在《蛮子歌》里记述瑶族有“时节祭盘瓠”的习俗，推测《盘王歌》雏形可能产生于晋代，形成于唐宋之间；③ 黄钰根据瑶族在唐时已经由原始社会跨过奴隶社会向封建社会过渡，进入封建社会的发展时期以及《盘王歌》的诸多词句与唐代诗歌格式相同等认为，《盘王歌》应创作于中唐时期，最后完善于宋代；④ 蒲朝军等人则以瑶族《过山榜》写于南宋景定年间（1260～1264 年）认为，《盘王歌》的第二部分形成于南宋景定年间，同时根据第三部分《流落歌》、《图诗歌》所描述的都是“漂洋过海”及流落广东、湖南等地的情景，认为第三部分可能产生于明末清初。⑤ 虽然讨论还在继续，但至少可以说明，《盘王歌》的产生已经有了悠久的历史。

《盘王歌》作为一部内容庞杂的古典诗歌集，不仅有歌、有曲、有歌名，还有曲牌名，如第二部分就插有七支不同唱腔的曲子，有黄条

① 蒲朝军，过竹主编．中国瑶族风土志．北京大学出版社，1992：332.
② 刘保元，杨仁里．瑶族《盘王歌》的最早抄本．中央民族学院学报，1989（6）．
③ 刘保元．瑶族古典歌谣集成《盘王歌》管探．中央民族学院学报，1983（3）．
④ 黄钰．瑶族《盘王歌》初评．中央民族学院学报，1987（6）．
⑤ 蒲朝军，过竹主编．中国瑶族风土志．北京大学出版社，1992：334.

沙、三逢闲、万段曲、荷叶杯、南花子、飞江南、梅花曲等。演唱时，有清唱的，有以配乐器伴奏的，有以诵为主的，有又诵又唱的，内容涉及万物起源、伏羲兄妹、劳动生产、谈情说爱、瑶山风光、诉说苦难、歌颂名人巧匠等。其中，有叙述日月星辰、万物起源的《日正中》、《夜黄昏》、《天上星》、《盘王图歌》、《葫芦晓》等；有讲述洪水滔天、伏羲兄妹造人类的《洪水发》、《洪水尽》、《为婚了》、《伏羲小娘》等；有蕴含丰富社会生产生活知识的《歌新》、《放猎狗》、《立横枪》等；有描述爱情、追求美好生活的《歌春》、《歌花》、《歌茶》、

恭城盘王节活动的盘王碑与长鼓　（李桐摄）

《日落岗》、《月亮亮》等；有赞美瑶族居住地的《桃源峒歌》等；有反映瑶族历史迁徙行踪的《十二姓瑶人游天下》等；有传授知识和工艺的《歌果》、《歌酒》、《彭祖》、《鲁班歌》等；有反映瑶族民间刺绣工

艺的《歌芒》……所以，《盘王歌》又是一幅反映瑶族历史生活的长画卷，内容丰富，词曲繁杂，在举行“还盘王愿”仪式时，一部《盘王歌》歌本，可以连唱七天七夜。

《盘王歌》的流传经历了相当长的时间过程，不断充实、不断完善，其内容不仅掺进和吸收了不少汉族和其他少数民族的东西，还借入了汉族的传说故事和艺术手法，如在曲子上，每曲均有曲牌名，曲子都用长短句，每一曲都写有曲谱，近似汉族的词曲。而且，在语言上，用瑶语或者是“词兼瑶汉”的混合书面语，书面则基本上使用汉字，其中夹用瑶族创造的“土俗字”。其句式多用七言，也有三言、五言和九言的；每首歌里不分段落，但同样讲究押韵，多为互相盘问或自问自答的方式，别有情趣。总体上看，词曲并存，讲究押韵，以物为喻是《盘王歌》艺术表现的主要特点。

《密洛陀》也是瑶族的长篇史诗，主要流行于广西都安、巴马、大化、马山、东兰一带瑶族地区，各地流传有不同的版本，迄今整理出来的有三种版本：一是壮族诗人莎红于20世纪50年代收集整理，但只整理收集了其中的一小部分；二是潘泉脉、蒙冠雄、蓝克宽于80年代初期收集整理的，全诗共有3300行；三是由蓝怀昌、蓝书京、蒙通顺于80年代末期收集整理的，全诗总计14 000多行。全诗的词句用较古老的汉语同部分壮语和瑶语混合编唱，演唱时，歌师可以根据需要灵活问字耍腔，不太讲究押韵及重叠对唱，由于没有歌本，很多时候全凭歌师记忆演唱，一唱就可唱七天七夜。目前，完整的《密洛陀》除了“序”及“尾声”外，总共有三十四章，全诗以瑶族始祖母密洛陀的创世为中心主轴，其中又插入其子女十二位男神与十二位女神的创业事迹，内容宏伟壮观，不仅是瑶族先民解释天地万物起源的百科全书，而且也是瑶族的创世史诗和英雄史诗。

《密洛陀》的主要内容涉及天地的形成，人类的起源，万物的产

古籍整理成果之一：《密洛陀古歌》　（李桐摄）

生，民族的起源、形成、迁徙等，它以奇异的想象和浪漫主义的色彩，讲述了瑶族始祖母密洛陀创世及其子女创业的艰辛历程，成功地塑造了卡亨、罗班挑山担水、安排山河，昌郎也、昌郎仪勇射太阳的英雄形象，集中体现了劳动创造世界和人类征服自然、反抗邪恶、勇于斗争的主题。以蓝怀昌等人收集整理的《密洛陀》来看，全诗以编年史的形式，共分为三部分内容：第一部分讲述的是布努瑶的始祖母密洛陀和她的子女创造天地万物的业绩，主要反映的是氏族社会的事情。这一时期，密洛陀造天造地造万物、指挥子女战天斗地等事迹所体现的是一种女权至上的主义。第二部分讲述的是瑶族在民族战争中失败后被迫迁徙流浪，这已经是阶级出现以后的事情。这一部分不仅揭示了瑶族世代山居生活的由来，而且涉及了民族之间的矛盾和纷争，一个显著的特点就是这一时期男权制已经取代了女权制，男人已经成为了社会生产的主力。第三部分讲的是布努瑶繁衍分支的各个支系家谱，讲述了血缘婚的终结、各支系的立姓等，实际上就是布努瑶的种的繁衍及其生存的问题。从以上三部分的内容来看，第一部分属于神话，第二部分多属传说，第三部分则近于史实，三部分具有不可分割、承上启下的关系，具有很高的史料研究价值。

第五节　蜡染与刺绣

一定是仙界的织女，将这瑶山当成了心爱的织机，纤手轻舞，痴情编织，要不然，为何这瑶山总是如此婀娜多姿、绚丽异常？

一定是浪漫的画师，不小心弄翻了画架上的颜料盒，一路倾洒，一路涂抹，要不然，为何这瑶山总是如此色彩缤纷，如此迷人眼、醉人情？

其实，瑶山的姑娘就是仙界的织女，就是浪漫的画师，是她们用自己的巧手，用她们的匠心，日接一日，月延一月，年复一年地装扮着心爱的瑶山，装缀着幸福的生活。

瑶族的蜡染是有着悠久的历史的，早在汉代，瑶族先民就已经“织绩木皮，染以草实”。[1] 至宋代，瑶族已经能用蓝靛和黄蜡在白布上印染出精美细致的花纹布，称为“瑶斑布”，对此，宋人周去非曾经详细地描述其印染的过程：“猺人以蓝染布为斑，其纹极细。其法以木板二片，镂成细花，用以夹布，而镕蜡灌于镂中，而后乃释板取布，投诸蓝中。布既受蓝，则煮布以去其蜡，故能受成极细斑花，炳然可观。故夫染斑之法，莫猺人若也。”[2] 这种精细的印染技术，一直在国内享有盛誉。

这种蜡染技术，其颜料来源是蓝草。蓝草生长于瑶山，有蓼蓝、松蓝、马蓝、吴蓝等，为木蓝属，一年生草本植物，茎长两三尺，叶互生，七月开花，九月间收割。进行蜡染的第一步是制作蓝靛。每年夏末秋初，勤劳的瑶族妇女就上山采割蓝草，将蓝草放入装有冷水的染缸或染桶中，浸泡6～7天后，每隔两天翻动一次，待其自然腐烂，

① 后汉书（卷一一六）.

② 岭外代答·服用门.

瑶族自种棉、自纺、自织、自染的蓝靛麻布　（李桐摄）

然后将腐烂的蓝草枝叶捞出，再放入石灰与缸（桶）中汁水搅拌均匀，隔夜后，沉淀于缸（桶）底的便是蓝靛，去水后将蓝靛取出晒干便得到蓝靛颜料。第二步是配制染液。在染缸上端放置一竹编筛子，上铺稻草，将草木灰均匀撒在稻草上，然后倒上水，让水通过草木灰过滤滴入染缸中，待水滴满后，撤去竹筛、稻草和草木灰，往染缸中放入蓝靛颜料，再加入一些自制白酒，均匀搅拌，待其发酵，直至液体呈黄色。第三步是浸染。在染缸底部放上一竹筐，目的是使沉淀在缸底的染料不直接与布接触，然后将要染的布用温水浸湿，待水滴干后将之放入染缸中轻轻翻动，浸染约一个小时后，取出晾干，再放入缸中浸染，再晾干，第三次后要到河边将布用清水漂洗，晒干后再继续浸染，如此反复，直至布料颜色呈深蓝带暗红色为止。为了使蓝靛布坚挺耐用，色泽光亮，还要用牛皮或者猪血蒸煮成溶液，将浸染过的布放置其中浸泡几分钟，然后再用木甑将之蒸一段时间，取出晒干后即可。为了美观大方，除了印染，瑶族还喜欢在蓝靛布上印花。印花有蜡印和针线折印两种。蜡印是先将蜂蜡熔化，在布料上点出所需要印的花纹图案后，再投入到蓝靛缸内进行印染，之后用热水进行脱蜡，脱蜡后的布料就印上了各种各样美丽的花纹图案了；而针线折印则是用针线按照事先在布料上画好的花纹图案进行针刺，然后将布折缀后拿去浸染，浸染好了之后，将针线拆除，布料上即呈现出美丽的花纹图案。这样，国内驰名的瑶斑布就制成了。

穿上用蓝靛颜料染成的衣服的瑶族支系，就叫蓝靛瑶。这也是瑶山里最真实、最本分的一个瑶族支系，就居住在广西的田林、百色、上思、马山、那坡、防城港、凤山、西林、宁明等区域，因蓝靛而名，以蓝靛装饰生活。或许，以一种植物或者一种色彩来命名一个族群，这就是一种来自于大自然的恩宠，一种肉体与精神上的返璞归真。这不仅是世人对瑶族蓝靛印染这一手工技艺与色彩的认同，而且也是一个民族存在的意义与现实的喻指，因为，以自然来修饰族名，以原生来延续族脉，于是，这个民族便有了千百年来生生不息的传承。

有了蓝靛浸染的布，还有那缠绕着情与爱的刺绣。“绣个宝袋亮晶晶，珍珠宝石配金银；左边绣出石狮子，右边绣出玉麒麟。手拿花针绣花衣，我俩情同针线密；送给阿哥穿身上，砍地开荒添力气。”这缠绵悱恻的歌声，正穿过姑娘上下翻飞的针线，一点一点地，溢满瑶山，将坡地上辛勤劳作的小伙子紧紧地网织。

如果我们沿溯史籍，就会发现，瑶族的刺绣源远流长。“好五色服”，“斑衣花裙”，“用五色绒，杂绣花卉”，“造得高机织细布，子孙世代绣罗衣”等，这些都是各种史籍中关于瑶族刺绣的记载。或许，这还是源于祖先的传承，乳源瑶族的歌谣《造天地歌》中就唱道：“起计盘王先起计，盘王起计种苧麻，种得苧麻儿孙绩，儿孙代代绣莲花；起计盘王先起计，盘王起计制高机，制得高机织细布，布面又雕李柳花。”现实中，“瑶女不会绣花找不到婆家”的俗语，谁又能否认这不是瑶家姑娘心灵手巧的甜蜜动力呢？

瑶族传统的刺绣以配色线为主，红、绿、黄、白、黑五种颜色为最常用的色线，用作刺绣的底布主要为白色和黑蓝色两种，而黑蓝色布，即是前文所提到的蓝靛布。底布不同，用的色线也不同，白色底布的，常用的是红、绿、黄、黑四种色线；蓝靛底布的，则主要用白、红、绿、黄四种色线，但花纹的配色及格式同样有严格的规定，如男子头巾一般用白、黑、蓝色布料制作，而人形、兽形的纹饰只能用白色或黑色，不能选用其他颜色。刺绣所用的线条一般为对角线、垂直线和平行线，或是45°，或90°，或180°，不用弧线。刺绣时，是不需要底稿的，根据底布颜色，先用黑线或白线依着布纹绣出一行行大小相同的方格，然后，在格子中绣上各种基本图形，一般有三角形、四方形、长方形、菱形、齿形、蝶形等，一般是一个方格一个图形，或是布尾容不下整个图形的，则只绣半个。图形虽简单，但在瑶家姑娘巧手上，经过精心组合，就会形成人物、动物、植物等各种栩栩如生的形象。此外，反面绣也是瑶族传统刺绣的一大特点，即绣时不看正面，而是从反面运针，这就需要瑶家姑娘不仅要心灵手巧，还要具备娴熟高超的刺绣技术。

瑶族挑花，属于瑶族刺绣中的一种，又称“挑织”、“挑绣”、“十字绣花”、“架花”等，与传统的刺绣、机绣不同的是，挑花既不需要描图打草，也不需要模具，全凭瑶家姑娘的慧眼和巧手，依据丰富的想象，根据本民族的风俗习惯、审美观点、实用需要等，在布料上挑出各种工整对称、色彩和谐、寓意淳朴、形象逼真、绚丽多彩的图案。挑花所用的底布一般有蓝、青、白等布料，所用的色线有赤、橙、黄、绿、紫等，所用的方法主要有“十字挑”、“长十字针”、“平直长短针”、“斜挑长短针”、“平挑长短针”等，其中，以“十字挑”最为常见。挑花时，图案的纹样要严格按照底布的经纬交织点施针，概括、简练，呈几何化，根据针法的不同，可以挑出不同的装饰效果和图案，如在密集的十字针脚中适当空针，即可以得到实地空花的图案；如用近似网绣的方法施针，则可以取得精致细密的效果，甚至是正反两面都是完整而美丽的图案。挑花的图案取材于自然，来源于生活，既有龙、凤、狮、鹿、鱼、雁、鸳鸯等各种飞禽走兽，也有竹、梅、菊、荷、水仙、芙蓉、牡丹、杜鹃等各种树木花卉，更有对角斜十字、正十字、人字、米字、万字等各种文字图案，形式多样，造型灵活，既充满了山居气息，也体现了民族特色。

瑶族的刺绣与挑花，虽然都是以深蓝、青蓝、白色等布料为底布，通过用红、白、黄、绿、黑等色线在底布上挑绣出各种精致漂亮的图案，既可以视其为一件实用的物品，也可以当作一件精美的艺术品加以收藏，但是，两者在制作的过程中又略有不同。刺绣技法比较自由，可以随心所欲地在底布上以五彩丝线随意描绘出各种花纹图案和调配各种丰富的色调；挑花则要受到底布经纬线的限制，挑花的过程中，经纬线的纹路在很大程度上决定了施针的思路。无论是刺绣，还是挑花，那瑶山美丽的花草、翻飞的蝴蝶、繁茂的林木、飘浮的云彩、若隐若现的山路、欢快狎戏的家禽家畜、勤劳善良的人们，都是最直接、最自然的题材，构图巧妙、意境优美、明丽古朴，表现了瑶族人民那种宽厚、淳朴、爽朗的性格。

田林瑶族织腰带　（李桐摄）

因为如此钟情于自然，钟情于色彩，所以，当你到瑶山放牧心情、抚慰精神时，你就会发现，在那暖阳下，在那柔风中，那瑶寨的木楼台阶上，那溪水潺流的山涧边、那绿荫如盖的大树下，那鲜花盛开的青坡上，那三三两两的瑶家姑娘，脸上泛着笑意，正在轻舞着手中闪闪烁烁的丝线，精心地刺绣挑花，精心地编织生活、酝酿爱情、憧憬未来。

第五章

瑶族人口今昔

《评皇券牒》称，瑶族始祖最初生下十二姓瑶人，即一姓男盘三四公，二姓男沈文敬，三姓男包容亮，四姓男黄进成，五姓男李思安，六姓男邓连安，七姓男周文旺，八姓男赵才昌，九姓男胡庆通，十姓男雷申鸣，十一姓男唐瑞禹，十二姓男冯万德，之后，十二姓瑶人“浮游天下五湖四海落业，逢山吃山，逢水吃水，任由天下落住”。[①] 所以，今天的瑶族，才遍布我国的山山水水，浪迹世界的每一个角落，或聚族而居，或分散而住，祖祖辈辈，相依相存，世世代代，生生不息。

第一节　瑶族人口变迁

生命，在不断的迁徙中生存；族脉，在不停的流浪中延续，从十二姓瑶人到今天的宗支遍天下，愈挫愈勇，愈难愈强，这就是瑶族，一个坚韧不屈的族群。

或许，在封建社会里，瑶族总是遁山而居，以林而生，远离中央

---

① 黄钰辑注．评皇券牒集编．广西人民出版社，1990：338～339.

王权的统治；或许，因为生活总是颠沛流离，随山迁徙，居无定所；或许，因为瑶族长期以来免除徭役，不归户籍；又或许，新中国成立之前反动统治阶级对瑶族实行“分而治之”的政策，不注重人口的统计，因此，关于瑶族人口的总数，在以往的正规典籍史料中少有记述，直至20世纪三四十年代，一些专家学者深入瑶族山区进行科学考察，才有了瑶族人口的零星统计数据。以大瑶山为例，1930年，庞新民在大瑶山考察时统计当时大瑶山瑶族有10 500人；1932年4月，黄云焕发表于《广西省政府公报》的《赴桂平瑶山工作报告》一文中指出，全瑶山瑶族有25 000人；1933年国民党广西省政府通过的《议决开辟瑶山案》中说，全瑶山有人口6000～7000人；[①] 唐兆民在其文章《广西大瑶山瑶民之经济生活》中统计，1937年，大瑶山瑶族约有17 000人，其中，盘瑶9000人，茶山瑶5500人，坳瑶1000人，花篮瑶800人，山子瑶600人；[②] 吴彦文在《大瑶山瑶民社会状况调查表》一文中统计，1939年，盘瑶人口为8540人，茶山瑶5013人，花篮瑶887人，坳瑶885人，山子瑶677人；[③] 新中国成立初期的人口统计，整个大瑶山地区，每平方公里平均人口才有11.29人。[④] 有研究指出，新中国成立之前，大瑶山瑶族之所以人口稀少和增长缓慢，除了以上人为的体制和瑶族流动的族性的影响之外，还有就是大瑶山的瑶族有人为限制人口的习俗，以及婴儿死亡率过高。[⑤] 实际上，这也是瑶族长期流动的民族品性所致。不停地迁徙，是因为土地的贫瘠、资源的匮乏，而人口的增长与有限的土地之间永远是一个博弈的关系，人地相争，为使

① 以上数据详见莫金山主编．金秀大瑶山——瑶族文化的中心．广西民族出版社，2006：250.

② 唐兆民．广西大瑶山瑶民之经济生活．申报，1937年二卷7期．

③ 转引自董友涛．大瑶山瑶族人口初探．广西民族研究，1989（1）．

④ 董友涛．大瑶山瑶族人口初探．广西民族研究，1989（1）．

⑤ 董友涛．大瑶山瑶族人口初探．广西民族研究，1989（1）．

生活质量提高，让财产聚集，最直接也最有效的方法就是限制人口，久而久之，自发限制人口的习俗就因势而生，因时而传了。在大瑶山，山是高耸入云的，地是零星稀落的，生产是缓慢滞后的，而粮食产量也是低下有限的，如果一家有多个兄弟，在财产的分配上就会出现僧多粥少的现象，这样，不仅会造成生活质量下降，而且有可能出现兄弟间相互争夺财产的情况，离间兄弟间的关系。朴实的瑶族人民，为了提高生活水平，也为了兄弟间的和睦相处，就这样游走在土地与人口、生活与亲情之间，自然、协调、和睦、平衡。而人为地限制人口，也势必影响到婴儿的出生率，另外因为生存环境恶劣，缺医少药，加上小孩有病多求于神袛，少于医药，自然导致婴儿死亡率较高。生死有命，各安于天，随山而迁，遇水而居，这不是唯心，也不是宿命论，而是瑶族一种自然、平和、求实的生活哲学，一种坚韧、豁达、乐观的生存之道。

新中国成立后，山还是那山，巍峨挺拔；树也还是那树，葱郁苍翠；水也还是那水，昼夜潺流；地也还是那地，稀疏贫瘠，但星移斗转，人间已换了新颜，瑶族也获得了新生。从1937～1939年、1951～1952年、1952～1982年这三个时间段大瑶山瑶族人口增长的比较来看，我们就可以知道所谓“新生”的确切含义了。国民党统治时期，1937年大瑶山瑶族总人口16 900人，1939年总人口16 002人，增长率为－5.31%，其中：1937年盘瑶9000人，1939年8540人，增长率为－5.11%；1937年茶山瑶5500人，1939年5013人，增长率为－8.86%；1937年山子瑶600人，1939年677人，增长率为12.83%；1937年坳瑶1000人，1939年885人，增长率为－11.5%；1937年花篮瑶800人，1939年887人，增长率为10.88%。新中国成立后，1951年大瑶山瑶族总人口17 827人，1952年17 920人，增长率为0.52%，其中：1951年盘瑶9380人，1952年10 301人，增长率为9.82%；1951年

茶山瑶 5345 人，1952 年 4251 人，增长率为－20.45%；1951 年山子瑶 1056 人，1952 年 1321 人，增长率为 25.09%；1951 年坳瑶 1215 人，1952 年 1522 人，增长率为 25.27%；1951 年花篮瑶 831 人，1952 年 822 人，增长率为－1.08%。新中国成立初期至 20 世纪 80 年代初期的 30 年间，大瑶山的瑶族无论是在总人口上，还是在增长率上，都实现了新的跨越。1952 年大瑶山瑶族总人口 17 920 人，1982 年 31 870 人，增长率为 77.85%，其中，1952 年盘瑶 10 301 人，1982 年 17 832 人，增长率为 73.11%；1952 年茶山瑶 4251 人，1982 年 8586 人，增长率为 101.98%；1952 年山子瑶 1321 人，1982 年 2333 人，增长率为 76.61%；1952 年坳瑶 1522 人，1982 年 1685 人，增长率为 37.55%；1952 年花篮瑶 822 人，1982 年 1434 人，增长率为 74.45%。[①] 从以上数据我们知道，新中国成立之前，大瑶山的瑶族人口增长率呈一种负增长趋势，而新中国成立后，却呈一种正增长的发展，而且逐年增长。这里，具体的数据、明晰的分界，所体现的是瑶族在不同的政治体制下的“生”与“死”：旧社会，生命为“负”，生存维艰；新社会，涅槃而“生”，幸福美满。

那么，让我们来回忆全国历次的人口普查数据，追寻瑶族成长的轨迹吧。1953 年，第一次全国人口普查时，全国共有瑶族 665 933 人；1964 年，第二次全国人口普查时，全国共有瑶族 857 265 人；1982 年，第三次全国人口普查时，全国共有瑶族 1 403 664 人；1990 年，第四次全国人口普查时，全国共有瑶族 2 134 013 人；2000 年，第五次全国人口普查时，全国共有瑶族 2 637 421 人；2010 年，第六次全国人口普查时，全国共有瑶族 2 796 003 人。以历次人口普查的增长率来看，

---

① 根据董友涛的《大瑶山瑶族人口初探》，唐兆民的《广西大瑶山瑶民之经济生活》，吴彦文的《大瑶山瑶民社会状况调查表》、《广西瑶族社会历史调查》，胡起望、范宏贵的《盘村瑶族》等相关统计资料整理。具体内容详见董友涛．大瑶山瑶族人口初探．广西民族研究，1989（1）．

1953 年第一次全国人口普查至 2010 年第六次人口普查，全国瑶族人口增长率为 319.86%，历次人口普查平均增长率为 53.31%，其中，第二次相对于第一次的增长率为 28.73%，第三次相对于第二次的增长率为 64.71%，第四次相对于第三次的增长率为 52.03%，第五次相对于第四次的增长率为 23.42%，第六次相对于第五次的增长率为 5.63%。以年平均增长率来看，第一次人口普查至第六次人口普查 57 年的时间里，全国瑶族人口共增加 2 130 070 人，平均每年增加 37 370 人，年平均增长率为 2.55%。其中，1953 年第一次全国人口普查至 1964 年全国第二次人口普查的 11 年间，全国瑶族人口增加 191 332 人，平均每年增加 17 394 人，年平均增长率为 2.32%；1964 年第二次全国人口普查至 1982 年第三次全国人口普查的 18 年间，全国瑶族人口增加 546 399人，平均每年增加 30 355 人，年平均增长率为 2.78%；1982 年全国第三次人口普查至 1990 年全国第四次人口普查的 8 年间，全国瑶族人口增加 730 349 人，平均每年增加 91 294 人，年平均增长率为 5.38%；1990 年全国第四次人口普查至 2000 年全国第五次人口普查的 10 年间，全国瑶族人口增加 500 388 人，平均每年增加 50 039 人，年平均增长率为 2.13%；2000 年全国第五次人口普查至 2010 年全国第六次人口普查的 10 年间，全国瑶族人口增加 158 582 人，平均每年增加 15 858 人，年平均增长率为 0.59%。从以上数据来看，瑶族人口无论是从每年的人口增加数，还是年平均增长率来看，都呈现出一种快速增长的趋势，虽然不同阶段有起伏落差，但其族脉系谱经党和国家民族政策的译释，均得到了无限的发展和扩大，日承一日，年复一年，枝繁叶茂，世代传承。

在横向比较上，1953～2010 年的 57 年间，全国人口增长730 872 834 人，人口总增长率为 121.42%，平均每年增加 12 822 330 人，年平均增长率为 1.40%。其中，汉族人口增长 673 561 463 人，人口总增长率

123.07%，平均每年增长 11 816 868 人，年平均增长率为 1.42%；少数民族人口增长 57 311 371 人，人口总增长率为 104.86%，平均每年增长 1 005 463 人，年平均增长率 1.27%；瑶族人口增加2 130 070人，人口总增长率 319.86%，平均每年增加 37 370 人，年平均增长率为 2.55%。从以上统计数据来看，无论是与全国的、汉族的、少数民族的人口增长率相比较，瑶族在人口总增长率、年平均增长率都远远超过以上三者的水平。在全国各少数民族人口总量的具体排位中，1953 年第一次全国人口普查时，全国少数民族中有壮、维吾尔、回、彝、苗、满、蒙古、布依、朝鲜等 10 个民族人口总数超过了 100 万人，而瑶族尚未达到这一行列，排在侗族之后，居于第 12 位；1964 年第二次全国人口普查时，瑶族人口同样未进入 100 万人口规模行列，但已经超过侗族，居于第 11 位；1982 年第三次全国人口普查，全国共有 15 个少数民族人口超过 100 万，此时瑶族人口已经进入百万行列，但被土家族和侗族超过，居于第 13 位；1990 年第四次全国人口普查，全国共有 18 个少数民族人口超过 100 万，此时瑶族人口数居于第 12 位；2000 年全国第五次人口普查，全国人口数超过百万的少数民族有 18 个，瑶族仍居于第 12 位；2010 年全国第六次人口普查，全国同样有 18 个少数民族人口超过百万，这一次，瑶族人口数仍然居于第 12 位。2010 年第六次全国人口普查时，人口数排在瑶族前面的 11 个少数民族自第一次人口普查以来的人口总增长率分别为：壮族为 155.73%，回族为 197.42%，满族为 329.44%，维吾尔族为 176.62%，苗族为 275.34%，彝族为 167.78%，藏族为 126.33%，蒙古族为 308.89%，侗族为 303.92%，布依族为 130.00%，其中土家族由于 1953 年没有统计数字，因此无法比较，而这一时期，瑶族人口总增长率为

319.86%[①]。所以，虽然历次全国人口普查中瑶族总人口在少数民族人口排序中都没有能够进入前十，但在这57年间，其人口总增长率除了低于满族之外，均超过总人口排在其前列的其他少数民族，居于第2位。这就说明，在新中国成立后，瑶族的人口增长速度是很快的。

看完以上枯燥的数字，记忆又回到了那遥远的深山瑶寨。记得那一次走进瑶山，一位须发斑白的瑶族老叟，叼着烟斗，坐在寨前的石阶上，全身笼罩在夕阳的余晖中，身影映着远山，轻烟卷着晚霞，自然、平和、深邃；阶前的晒场上，两三稚童，跨着竹马，挥着木剑，奔跑着、嬉戏着、喧闹着，那欢快的神情，那轻活的脚步，摇得那夕阳一晃一晃的，舞得那暮色一闪一闪的。老叟平静、祥和，稚童朝气、活跃，融合着周身那莽莽的群山，绵延而悠长。这就是一幅现实版的传承图吧，新旧接手，代际沿袭，一切都显得如此自然朴实，如此薪火相承。

第二节　人口增长的“高潮期”

新中国成立以后，瑶族人口的增长虽然很快，但也有高与低的增长期，这正如日常走的路，有笔直的，也有拐角的；有低洼的，也有平坦的；有康途的，也有小径的，但路标，总会指向远方，总能昭显未来。

20世纪50年代初期，瑶族人口总体呈一种增长的趋势，但增长的速度较为缓慢。以大瑶山为例，1951～1952年一年的时间里，瑶族总人口才增加了93人，年平均增长率仅为0.52%；1982年，人口增至

① 以上数据参照“六普”、“五普”以及肖永孜．建国后瑶族人口数量的变化．广西民族研究，1997（3）．

31 870人，比1952年增加13 950人，年平均增长率为1.94%。这相对于1953～2010年全国瑶族人口年平均增长率2.55%来说，前者低了1.03个百分点，后者低了0.61个百分点，这就说明，在80年代以前，大瑶山瑶族人口呈一种缓慢增长的趋势。出现以上状况是有其内在原因的。瑶族聚居地区大多是在1949年年底才获得解放的，在大陆是解放较迟的地区之一，这里山势险峻，林木密集，本来是瑶族世代耕耘的家园，在获得解放的前夕，却成为国民党残余势力隐蔽和盘踞的最后场所。为了苟延残喘，进行垂死挣扎，反动势力将罪恶之手伸向了这一块善良、朴实的世外桃源，袭击各种新生政权、农会，为了扑灭革命的火种，肆意杀人，到处纵火，仅当时金秀瑶族自治县所在的大瑶山地区，被杀的瑶族群众就多达数百人。① 遍地腥云，满山狼犬，所造成的后果不仅严重影响了瑶族地区人口的活动及其人口的发展，而且也使本来就脆弱的生产力更加举步维艰，生活贫困，医疗条件落后，低出生、低增长率、高死亡，这些因素都使得即使在新中国成立初期，瑶族获得了新生，但其人口发展还处于一种低位运行的状态。扩展到整个广西，当时光之梭运转至六七十年代，经过党和国家一系列休养生息政策的实施后，瑶族的人口总量呈现出了较快的增长趋势。1960年，广西瑶族总人口为46.56万人，1970年增至62.64万人，1979年达到了77.40万人；1960～1979年，广西瑶族人口增加了30.84万人，增长率为66.24%，年平均增加1.62万人，年平均增长率为2.70%，这相对于1953～2010年全国瑶族人口年平均增长率2.55%来说，高出了0.15个百分点，可以说，六七十年代是瑶族人口处于一种较快发展的时期。

80年代，瑶族人口增长迎来了其“高潮期”。这一时期，处于第三次全国人口普查和第四次全国人口普查之间，时间间隔8年。1982年，

① 肖永孜．建国后瑶族人口数量的变化．广西民族研究，1997（3）．

第三次全国人口普查时，全国共有瑶族人口 1 403 664 人；1990 年，第四次全国人口普查时，全国瑶族人口增至 2 134 013 人，8 年共增长 730 349 人，增长率为 52.03%，年平均增长率为 5.38%。而作为瑶族最主要的聚居区的广西，第三次全国人口普查时瑶族人口共有 863 809 人，第四次全国人口普查时增长到 1 325 118 人，增加了 461 309 人，增长率为 53.40%，年平均增长率为 5.50%。除了广西之外，其他瑶族聚居区瑶族人口在这一时期同样出现一种快速增长的趋势。如果以前面第一次和第二次全国人口普查相比较，更显示出 80 年代瑶族人口发展的"井喷"现象。第一次全国人口普查至第二次全国人口普查期间，全国的瑶族人口增加 191 332 人，增长率为 28.73%，年平均增长率为 2.32%；第二次全国人口普查至第三次全国人口普查期间，全国的瑶族人口增加 546 399 人，增长率为 63.73%，年平均增长率为 2.78%。所以，整个 80 年代期间，瑶族人口的发展，无论是从全国的范围来看，还是从各瑶族聚居区来看；也无论是从增长率来看，还是从年平均增长率来看，都远远超过了以往同时期的相关数据。

贺州各地瑶族　（李桐摄）

20世纪80年代，全国瑶族人口的发展成一种倍数增长的趋势，原因是多方面的，这其中，除了政治、经济、文化以及社会的快速发展之外，一个重要的因素就是党和国家民族政策的贯彻落实。一些筹建民族区域自治的地方，为了能够平等享有相关民族政策制度，同时为了达到民族聚居的度，就出现了有较多的人口恢复或更改民族成分的现象，致使本民族的人口在短时间内实现了较快的增长，瑶族也不例外。80年代，广西先后建立起了富川瑶族自治县、大化瑶族自治县、恭城瑶族自治县以及48个瑶族乡，在这些瑶族自治县和瑶族乡，一部分原报汉族或壮族族籍的人口在人口普查过程中均恢复或更改为瑶族。① 以富川瑶族自治县的筹建过程为例，1981年，全县共有瑶族人口72 605人；1982年，该县筹建瑶族自治县，当年年末的人口统计资料显示，这时瑶族的人口已经增加到了78 744人；1983年，国务院批准富川建立瑶族自治县，这一年瑶族的人口猛增至95 174人；自治县成立后，瑶族人口继续大幅度增加，1984年达到了106 940人；1985年，继续增至114 992人。这样，1982～1985年4年的时间里，富川瑶族共增加了42 387人，平均每年增加10 597人，年平均增长率为12.18%。而该县没有成立瑶族自治县之前，即1970～1979年10年的时间内，瑶族人口才仅增加了14 735人，平均每年增加1474人。1981～1985年，富川在筹建瑶族自治县的前后4年中，瑶族人口增长的数量及平均每年增加的人口数与整个70年代相比，分别是2.88倍和7.19倍，从中可以看出80年代瑶族人口发展的迅猛程度。还有一个典型的例子就是恭城瑶族自治县。1980年，恭城瑶族人口仅为49 159人，至1985年猛增至108 779人，1990年国务院批准建立恭城瑶族自治县，这一年年末瑶族人口达到了131 768人。1980～1985年、1985～1990年，这两个时间段恭城瑶族人口分别增长了59 620人、

① 肖永孜．建国后瑶族人口数量的变化．广西民族研究，1997（3）．

22 989人，10年间共增长82 609人，即筹建恭城瑶族自治县的前后10年间，瑶族人口增长了168.00%，年平均增加8261人，年平均增长率为10.40%。而1970～1979年这10年间，恭城瑶族人口仅增加6093人，增长率为14.48%；年均增加609人，年平均增长率为1.40%。将80年代与70年代恭城瑶族人口相比较，在人口年平均增长量上，80年代是70年代的13.56倍；在年平均增长率上，80年代是70年代的7.43倍。而80年代后筹建的瑶族乡瑶族人口的增长与瑶族自治县瑶族人口的增长也相类似，如一些瑶族聚居的县随着瑶族乡的建立，瑶族人口也随之出现倍增的趋势，仅1984～1985年一年的时间里，平乐县的瑶族人口就由1.28万人增至2.72万人，增长了1.13倍；蒙山县的瑶族人口由0.73万人增至1.56万人，增长了1.14倍；平南县的瑶族人口由1.67万人增至2.82人，增长了1.69倍。[①] 同时，在整个80年代期间，国家对少数民族的生育政策作出了规定，允许人口在一千万以下的少数民族可以生两个小孩，特殊情况下还可以生育第三个小孩，而瑶族人口则处在一千万以下之列；又由于少数民族在招生、招工、提干等方面有特殊照顾，一些瑶族与汉族、壮族相混合的家庭出生的新生儿，也多申报为瑶族成分。以上种种因素，使得瑶族在整个80年代处于一种生育的高峰期，极大地提高了瑶族总人口的数量。

如果我们撇开以上时代与政策的因素，重新回归瑶族那古老而原始的族性，我们就会发现，实际上，这就是瑶族顽强的生命力的具体诠释，如一粒粒充满着活力和朝气的种子，只要有一抔土、一窝坑，就能生根、发芽、成长、开花、结果。所以，无数次的迁徙，无数次的翻山涉水，又无数次对千家峒的虔诚皈依，心中总期盼有那么一个地方，山青地肥，草茂水丰，鸡鸭戏谑，牛羊成群，儿孙聚堂，而中华民族大家庭，就是这么一个世外桃源，一个充满了生机与张力的成长乐园。

---

① 相关数据详见肖永孜．建国后瑶族人口数量的变化．广西民族研究，1997（3）．

第三节　瑶族人口向追求质量转变

经历了 20 世纪 80 年代人口发展的高峰期后，进入 20 世纪 90 年代，瑶族人口发展的速度已经趋于放缓，人口年平均增长率也已经降至两个百分点左右。这倒不是俗话所说的事物发展有高潮低潮之分，兴盛过后必有衰落，而是瑶族人口的发展已经由以往的追求数量向开始追求质量转变。因为，族脉的延续、沿袭，除了人口规模及代际交替之外，更多的，还应该是文化的传承、智慧的交融、精神的接力。

2010 年，全国进行了第六次人口普查。此次普查，全国共有瑶族 2 796 003 人，占全国总人口的 0.21%，年平均增长率为 0.59%，其中，男性有 1 458 842 人，女性有 1 337 161 人，男女性别比为 109。以瑶族人口年平均增长率来看，80 年代的年平均增长率为 5.38%，90 年代的年平均增长率为 2.13%，而跨世纪的第一个 10 年的年平均增长率仅为 0.59%，说明，瑶族人口的发展，已经由 80 年代的高潮期逐渐回落，由以往的追求数量逐渐进入了追求质量的阶段，重点已经放在了提高人口素质上。广西壮族自治区作为瑶族的主要聚居区，瑶族人口的发展也有了较大的变化，2010 年，广西壮族自治区共有瑶族人口 1 493 530人，占全国总人口的 0.11%，占全国瑶族总人口的 53.42%，其中，男性有 772 111 人，女性有 721 419 人，男女性别比为 107。从以上数据来看，广西依然是全国瑶族最主要的聚居地，其瑶族人口数占据了全国瑶族人口总数的一半以上，而 45%左右的瑶族聚居于湖南、云南、广东、贵州等省，5%左右的瑶族分散在其他各个省区；在男女性别比上，2010 年，全国男女性别比为 105，而瑶族为 109，比全国的略高，其他的如广西、湖南、云南、广东、贵州等几个瑶族主要聚居的省区无论是全国总人口的性别比，还是全国瑶族的性别比都要高。

性别比过高，在一定的程度上也成为瑶族人口年平均增长率过低的原因之一，因为如果青壮年人口性别一旦出现严重失调，其最直接的后果就是导致对婚龄人口的挤压，使得适龄男性择偶困难，致使人口向负增长的方向发展，抑制人口的正常发展。而且，如果人口性别比例严重失调，也会引发一系列的社会问题，就会阻碍瑶族地区和谐社会的构建工作，这是应该引起关注和重视的。

根据 2010 年全国第六次人口普查数据，瑶族人口在 65 岁以前，一般是男性比女性多，65 岁以上，女性则超过了男性，特别是越高龄女性所占的比例就越高。有研究说，这是因为生命的动力来源于心脏，而女性心脏的泵血能力要比男性强，即使年龄增长也不会出现明显的减弱，比男性的心脏更为年轻，所以女性要比男性长寿；也有研究认为，男性倾向于追求独立，女性倾向于追求亲密，男性在面临压力的时候，少与朋友讨论和沟通，因此容易压抑情绪；而女性在沮丧的时候，通常会找闺密倾诉，所以，容易得到慰藉，释解压力。无论何种原因，其实生命就是一种轮回的过程，圆润到来，圆满归去。对瑶族来说，生于迁徙，死于山脊，一切的悲欢离合，均付诸瑶山葱郁的岁月中，或青春垂髫稚童，或朝气壮实青年，或白发朱颜老者，都犹如生命网络上的一个节点，彼此相依、相携、相守。

2010 年的人口普查显示，瑶族的教育结构有如下特征：全国瑶族人口 6 岁及以上的共有 2 496 825 人，其中男性 1 297 250 人，女性 1 199 575人，男女比例为 108。其中，未上过学共有 166 473 人，男性 48 441 人，女性 117 996 人，男女比例为 41；具有小学文化的共有 1 097 493，男性 534 931，女性 562 562 人，男女比例为 95；具有初中文化的共有 874 247 人，男性 508 252 人，女性 365 995，男女比例为 138；具有高中文化的共有 220 155 人，男性 129 979 人，女性 90 176 人，男女比例为 144；具有大学专科文化的共有 81 596 人，男性44 832

人，女性 36 764 人，男女比例为 130；具有大学本科文化的共有53 343 人，男性 28 889 人，女性 24 454 人，男女比例为 118；具有研究生文化的共有 3554 人，男性 1926 人，女性 1628 人，男女比例为 118。同期全国人口同年龄段教育的男女比例分别为：未上过学的男女比例为 39；具有小学文化的男女比例为 89；具有初中文化的男女比例为 117；具有高中文化的男女比例为 126；具有大学专科文化的男女比例为 116；具有大学本科文化的男女比例为 124；具有研究生文化的男女比例为 132。从瑶族的教育结构与全国的教育结构相比较来看，在男女比例上，在未上学这一栏，瑶族为 41，全国为 39，大致处于同一水平；在小学阶段，瑶族为 95，全国为 89，也水平相当；在初中、高中等中学阶段，瑶族分别为 138、144，全国分别为 117、126，具有明显的差别，说明这一阶段，瑶族在校男女生的比例出现较为严重的失衡；在本科等大学阶段，瑶族为 118，全国为 124，说明接受教育的程度越高，瑶族男女的比例越趋于持平，其差距甚至低于全国的平均水平；在研究生阶段，瑶族为 118，全国为 132，这一阶段，瑶族低于全国的水平，瑶族女性在高水平的知识领域中，在一定的程度上已经和男性并驾齐驱了。

教育是一项千秋的大业，绝不是一时的体制和措施一下子就能够提高全民的素质的，需要传统，更需要传承。瑶族正规的学校教育，最早可沿溯到秦汉时代，史载："宋均为辰阳（今湖南辰溪县西）时，立学校，禁绝淫祀。"① 这是瑶族先民最早设立学校的记载。南朝时，梁天监十三年（514 年），"绥怀蛮左，颇得其心。或以蛮俗荒梗，不识礼义，乃表立太学，选诸郡生徒于州总教。"② 蛮左为瑶族先民荆雍州蛮、湘州蛮和莫徭的重要组成部分，在蛮左地区"表立太学"，这是

① 后汉书·宋均传（卷四一）.

② 魏书·韦阆传附族子韦彧传（卷四五）.

历代封建统治者在瑶族地区办“瑶学”之先河。[①] 至宋朝，瑶族地区不仅有官办的州学、县学等，还有地方瑶酋所办的“瑶学”，如唐代溪峒蛮瑶起义领袖杨昌衔率众归降后，于宋熙宁八年（1075 年）“乃以其子曰俨，请于侧建学舍，求名士教子孙”。[②] 至元明清时期，瑶族的教育得到了日益弘扬，兴办了一批县学、社学、义学等，鼓励瑶族子弟入学读书，培养了一批瑶族知识分子，尤其是清朝时期在瑶族地区创办的义学，更是为贫寒瑶族子弟入学创造了有利条件。民国时期，瑶族的教育得到了迅速地发展，“开化政策”、“特种教育”等各种新式教育已经开始扎根瑶区。且不论封建王朝在瑶区推行教育的目的是为了“以儒为教”、“以柔其心”、“庶一变旧俗”，还是国民政府在瑶区设立学校是为了便于统治，树立其政权，但在一定的程度上，也为瑶族培

融水县瑶族、苗族学生 （李桐摄）

① 奉恒高主编．瑶族通史（上卷）．民族出版社，2007：286.
② 宋史·蛮夷列传二（卷四九三）.

养了一大批知识分子。今天，翻山涉水、刀耕火种的流浪和艰苦岁月已经远遁，但瑶族渴求化蛹成蝶、追求美好未来的心依然还在翱翔，知识之翼，正欢送瑶族人民走下千山万壑，热闹地走进山外多姿多彩的世界。

无论是耕耘于山居的岁月，还是融入山外的世界，也无论跋涉，还是流离，瑶族始终都在追寻着属于自己的命运之匙、生存之位。2010 年的人口普查 10％抽样比的长表数据显示，全国瑶族各行业从业人员共有 156 483 人，男性 83 703 人，女性 72 780 人，性别比为 115，其中：在采矿业，制造业，电力、燃气及水的生产和供应，建筑业，交通运输、仓储和邮政业，信息传输、计算机服务和软件业，房地产业，租赁和商务服务业，科学研究、技术服务和地质勘察业，水利、环境和公共设施管理业，公共管理和社会组织等行业男性处于一种从业优势；批发和零售业，住宿和餐饮业，卫生、社会保险和社会福利业，国际组织等行业女性的从业人员数量则超过了男性；而在农、林、牧、渔业，金融业，居民服务和其他服务业，教育业，文化、体育和娱乐业等男女则相对持平。2010 年，全国瑶族共有 156 483 人从事各种不同的职业，男性 83 703 人，女性 72 780 人，男女比例为 115，其中：国家机关、党群组织、企业、事业单位负责人，办事人员和有关人员，生产、运输设备操作人员的男性占据着较大的优势，商业、服务业人员则多为女性，而各类专业技术人员，从事农、林、牧、渔、水利业生产人员男女不相上下。除此之外，2010 年，全国瑶族还有 41 234未工作人口，其中，在校生有 11 971 人，丧失工作能力的有 10 070人，毕业后未工作的有 1194 人，因单位原因失去工作的有 312 人，因本人原因失去工作的有 715 人，因土地被征用的有 57 人，离退休的有 2831 人，料理家务的有10 311人，其他原因的有 377 人。

这就是生活，每一个生命都安排得如此错落有致，也如此美丽地次第绽放。也许，今生注定要依傍群山，与土地相知相守；也许，今世注定要矗立于三尺讲台，用知识充盈岁月；也许，注定一生要坚守在工地上，唤醒朝霞，编织黄昏；也许，注定一世要奔波于高楼大厦间，点燃梦想，追逐未来……太多的也许，太多的遐想，太多的逐梦将来。也许，也只有今天的瑶族，才如此真切地感触到时代的脉动，才如此欢呼雀跃地与时代的洪流融为一体。

第六章

美满婚姻与幸福家庭

瑶山的爱情是古朴的、热烈的、激情的；瑶山的爱情是直白的、大胆的、坦然的。瑶山的爱情，总带有天的深邃、地的厚实、山的伟岸、水的柔情、树的多姿。因为生以山依，所以，瑶家人的日常生活总是栖于山巅，融于云端；因为四处迁徙，所以，瑶家人这一路走来，总会甘苦与共，风雨相携。所以，瑶家人的家居总是那么虚怀若谷、踏实如山、自由像风、空旷似野、灿烂如花。一切的爱情与亲情，正如这葱郁的岁月，自然、豁达、归真。

第一节　男女平等与招郎入赘

瑶族的爱情是平等的，是自然的，也是浪漫的。据史载："岁首祭盘瓠，杂揉鱼肉酒饭于木槽，聚而号为尽礼。男女相得，则男至女群，咿呜负所爱女而去，其父母方喜。"① 一段文字，记载的就是瑶族圩场会友、对歌传情的独具特色的婚恋习俗。

瑶山无处不飞歌，对歌恋爱架鹊桥，瑶家的生活离不开歌，瑶家

---

① 转引自蒲朝军，过竹主编．中国瑶族风土志，北京大学出版社，1992：147.

蓝靛瑶节日对歌　（李桐摄）

的婚恋更是缺少不了歌声，所谓“岁以十月朔祭都贝大王，男女杂踏，联袂歌舞。歌皆七言，取义比兴，以致慕悦之情，彼此既相得，则男子负女子入岩洞，种柳避人。其无偶者，明岁再会云”，[①] 从中体现的就是瑶族歌会求婚的浪漫情节。或许，崇山峻岭会阻隔视线，苍劲岁月也会掩埋记忆，但总也挡不住瑶族青年情爱的脚步和婉转嘹亮的歌声。在瑶山游走，无论季节，也无论时光，无需思想，更无需规划，只要你有时间、有闲情，只要穿梭于那山腰间、那清涧旁、那野径上、那竹林中、那大树下、那村拐角，总会遇见那瑶族男女青年，或三五成群，或七八一伙，在幸福、甜蜜地以歌传情。这时候，你要停下匆忙的脚步，肃立一旁，静候着爱情的悄然酝酿，因为，爱情需要专一，需要纯真，更需要让佳缘充盈的私人空间。

瑶族以歌传情是自然的，但也是需要循序渐进的，一般有开台、

① 黄钧宰．金壶七墨（卷五）．

引歌、邀拢、试探、“骂”情、考妹、盘歌、连情、立誓等程序。[①] 这不，那边小伙子的“开台”已经从喉咙中洋溢而出了：“蜜蜂飞进百花园，看见百花朵朵鲜；脚还没沾黄花粉，老早嗅到蜜糖甜。”歌声是合唱的，真诚而火辣，目的是要引起姑娘们的情思，拨动她们的心弦。果然，这厢姑娘们已经难以抑制自己的心情了：“唱得好来唱得乖，唱得山头桂花开；个个山头蜜蜂叫，只只都会采蜜来。”于是，开始进入正题了，求偶双方一一对唱，往往带有挑逗的意味，但更多的是柔情蜜意，如小伙子唱道：“从没山界怕界高，从没上树怕风摇；从没见妹怕开口，石上砍鱼怕下刀。”姑娘则接唱道：“有歌不唱肚里慌，有衣不穿沤笼箱；再过两年开箱看，新衣变成旧衣裳。”但并不是每一位姑娘都是直爽、开朗的，更多的时候是矜持、害羞的，所以，“引歌”不奏效，小伙子还要继续“邀拢”：“柴要集拢火才旺，水要汇拢才成塘；歌要对面才好唱，石要堆砌才成墙。”实际上，姑娘早已暗生情愫，在小伙子再次真情相邀下，于是就顺水推舟了：“风吹河水起浪头，看见鲤鱼水面游；可是鲤鱼来起浪，妹是下水钓鱼钩。”这样，你唱我答，虽然已经情深意浓，但还需“试探”对方，小伙子再唱道：“妹屋门前有蔸桃，可惜围墙砌得高；哥想进园摘一个，又怕园门打了标。”这时候，姑娘就会含蓄地表明自己仍是独身一人：“一塘池水绿悠悠，独枝莲花水面浮；鸳鸯不戏池中水，莲花在笑枉抬头。”哥有意，妹有情，此时，心胸已经敞开，情缘已经相连，彼此心灵已经拉近，因此，歌声中也多了一些幽默、戏谑的语调，这就是所谓的“骂”情：“从来没到妹的家，半边扒锅打油茶；三脚板凳哄哥坐，四脚朝天滚泥巴。”“小妹家穷样样差，常煮腊肉当菜花；哥你无福莫借口，怕吃快走莫进家。”“情妹生得白飘飘，好比山中白芋苗；哥想移到家中种，又怕家

---

① 以下所引歌词如无特别说明均引自蒲朝军，过竹主编．中国瑶族风土志．北京大学出版社，1992：165.

中缺水浇。”“小妹生得黑麻麻，如同碗里糁子粑；哥若嫌弃莫借口，孔雀难配老乌鸦。”虽然两颗年轻的心已经没有了距离，但如果要赢得小伙子或者是姑娘的心，还要通过“考妹”、“盘歌”等环节，以问答的形式来考对方的才华和智慧，内容多涉及眼前实景、农事季节等，一般由女方出题，男方来回答，如姑娘问：“门口大田四方方，问哥能栽几多秧？一筒白米几多颗？一斤丝线几多双？”回答是需要灵活的，或真或假，或虚或实，主要看小伙子的机灵和反应：“答声妹，插田论亩不论秧；白米论斤不论颗，丝线论绞不论双。”如果这还难不倒，还可以继续“盘歌”：“金丝银线一百根，绣龙绣凤绣麒麟；绣狮绣马分六份，只许成单怎样分。”小伙子早已胸有成竹，立刻答道：“龙凤狮马各十九，麒麟绣成二十三，还剩一根金丝线，妹绣鞋垫给哥穿。”这一问一答，一唱一和，已经是芳心暗许，情愫已生，是时候交换礼物了。一般情况下，姑娘会给小伙子送一双千层底的新鞋：“情哥生得细轻轻，做双鞋子送哥情；走到南京买丝线，走到北京买花针；丝线花针买齐了，这双鞋子做得成；鞋底打起胡椒眼，鞋面绣起鲤鱼鳞；鞋梁锁起狮子口，鞋口做起像观音；桐灯点起几多盏，烧掉桐油几多斤；坐了几多冷板凳，挨了几多蚊子叮；这双鞋子做好了，围裙包鞋送哥情；大姐拿到二姐看，这双鞋子操了心；十八小哥你来看，看你同心不同心？”小伙子接受信物后，一般也以戒指相赠：“情妹生得细轻轻，打对戒指送妹情；走到南京请银匠，走到北京请匠人；两边银匠一起到，这对戒指打得成；一打麒麟配狮子，二打狮子配麒麟；三打将军凤凰瓜，四打海马过桥亭；五打五男并二女，六打童子拜观音；七打仙女七姐妹，八打神仙吕洞宾；九打伴娘陪妹走，十打小哥陪妹行；金子戒箍打好了，妹戴戒箍莫传名；等到别人晓得了，日同板凳夜共灯。”信物已收，姻缘已定，事到临别，难分难舍，小伙子再次以歌声表达自己的海誓山盟：“风吹云动天不动，水推船行岸不行；天变地变哥不变，望妹来日不变心。”姑娘也以歌盟誓，表达自己的忠贞不渝：“石板大路一展平，马跑人行路不行；千古逢雪山长秀，百年思兄妹见真。”最后临别，两人还要合歌立誓：“铁匠打铁硬对硬，三十六牙丁对丁；哪个有心不对口，变牛变马变畜牲；哥妹同心成双对，好比金凤和银凰；连情像海几深厚，同展双翅上天堂。”到此，歌声方歇，但爱情已经酝酿，美好的人生已经绚丽绽放。

凌云盘瑶节日对歌　（李桐摄）

这就是瑶族的歌声与爱情，寓情于歌，表情于歌，一切都显得如此的自然和从容，显得如此的淳朴和诚挚。在歌声中，择爱是自由的，男女是平等的；在歌声中，一切都是凭着男女的真情实感，一切都随着机缘，因歌声相识，因歌声相爱，因歌声相守。所以，自古以来，瑶族男女青年在成婚前都是平等的，都可以自由交往，自由追寻自己的爱情和婚姻。所以，在恋爱期间，就有了“爬楼”、“咬爱”、“吃同年”等习俗。

“爬楼”是广西金秀大瑶山茶山瑶男女青年进行自由恋爱的一种方式。茶山瑶的住房一般为两层，上层有一造型美观、雕龙画凤的“吊楼”（俗称“姑娘楼”），这是姑娘成年后的专用房，也是姑娘与同龄人交往、恋爱的地方。每当夜幕降临，姑娘会邀女伴一起到“吊楼”里聊天、唱歌、刺绣。轻柔的灯光、清脆的歌声常常会引得多情的小伙子结伴而来。但是，小伙子们进“吊楼”是不能从正门进屋上楼的，只能从吊楼底直接往上爬。姑娘若是同意就开楼门让他们进去，如若不同意则紧闭楼门，这时小伙子们只能乘兴而来、败兴而归。进入“吊楼”后，男女青年各坐一边，相互交谈，唱“香哩歌”，互相寻找知己。如若一对男女青年彼此有意，则今后的“爬楼”就独自进行了，以后小伙子再来爬楼，姑娘在“吊楼”上听到熟悉的声音，也会高兴地出楼门来助小伙子往上攀爬。久而久之，感情深了，双方便互赠信物，通常姑娘会把自己绣的腰带或编织的草鞋送给小伙子，而小伙子则送给姑娘手镯或丝绒彩线，这样，情缘定了，就等着日后喜结良缘了。①

“咬爱”，也称为“串情人”，盛行于云南省红河哈尼族彝族自治州绿春县的蓝靛瑶和广东省连南瑶族自治县的排瑶村寨。每年农忙时节一过，一村的未婚青年就会男女分群到其他村寨去做客，追逐爱情。其他村寨的异性男女青年也都会热情地款待来客，相互交谈、唱歌、跳舞，如果双方在交往的过程中彼此情投意合，便会双双走出村寨，选择一幽静之处倾诉衷情。情到浓蜜时，小伙子会在姑娘的手背上咬一口，而姑娘同样也会在小伙子的手背上回咬一口，咬得愈深，痕迹愈显，爱愈弥坚。如果伤口发炎化脓，更加表示两者的情意已经渗肉浸骨，融合到肌体和血脉中去了，彼此已经难分难舍、至死不渝了。②

---

① 覃乃昌主编．广西世居民族，广西民族出版社，2004：97～98.

② 张有隽．瑶族历史与文化．广西民族出版社，2001：282.

“吃同年”是广西壮族自治区北部元宝山（位于融水苗族自治县境内）一带瑶族的一种节日社交习俗，与“瑶爱”相似，即在春节时，一个村寨的人集体到另外一个村寨去做客，主要以未婚男女青年为主角。在做客的过程中，在宴席上，如果哪位小伙子看上了一位姑娘，便会手捧着酒杯到姑娘面前去敬酒，如果姑娘对小伙子无意，就只是略舔一下以示心意；如果姑娘对小伙子也是有情有意，就会接过酒杯一饮而尽，这时候，大家都会一起祝贺这位幸福的小伙子。而如果小伙子中没有自己的意中人，或者没有小伙子来给自己敬酒，姑娘就会低头喝干自己杯里的酒。这时，大家也都举杯喝干自己的酒以表示对她的同情和理解。[①]

无论是“爬楼”、“咬爱”，还是“吃同年”，其中都充满了平等、尊重和恋爱自由、婚姻自由的和谐气氛。在这里，爱情是世俗的，因为源于生活，也存于生活；在这里，爱情又是出世的，因为脱离了世俗的一切奢华与浮躁，如此地一尘不染，高尚、纯洁、温馨。

最独特的还是那“招郎入赘”。瑶族随山迁徙，四处游耕，所到之处，居住的时间往往较定居的其他民族要短，加之人烟稀少，村寨规模较小，如实行严格的男娶女嫁制度，容易导致适婚男女的配偶问题难以解决。为解决这一难题，延续民族、宗族和家族“香火”，瑶族采取了一种变通、灵活的通婚方式——“招郎入赘”，久而久之，便成了瑶族婚姻中的一种独特习俗。在瑶族的婚姻观念中，男女的地位是平等的，有男娶女嫁，同样也有招郎入赘；儿子可以在家娶媳妇，也可以上门入赘；女儿可以出嫁为媳妇，也可以在家招郎入赘；儿子可以继承宗祧，女儿招婿也可以继承宗祧。招郎入赘，一般有四种形式：一种是“买断”，即招郎入女方家后继承女方宗祧，永不归宗，入赘郎改从妻姓，所生子女亦从母姓，由妻子当家，赘婿居于从属，但若赘

---

① 张有隽．瑶族历史与文化．广西民族出版社，2001：282～283.

婿精明能干，持家有方，得到妻家族人的认可和尊重，也可当家。一种是“买一半”，即入赘郎到妻家后，可以改从妻姓，也可以保留自己原来的姓氏，或者也可以取两个名字。婚后所生的子女，可有一个保留父姓，长大后回到父亲原来的家居住和劳动，承嗣父方香火，也就是说入赘郎在姓氏和香火承嗣上还有一部分属于自己的权利，入赘郎在妻子家劳动，有一定的经济处置权，不完全从属于妻子。第三种叫“两边走”，又称“两边居”、“两头顶”，即成婚后，夫妻实行“两边走”的居住方式，在男方家居住一段时间后，又到女方家居住一段时间，如此往返，周而复始。在一方居住时间的长短要视农活多少、生产节令以及家庭劳力等情况而定，少则十天半月，多则一个生产季节或者半年。当然，这并不意味要这么一辈子往返，而是兼顾双方家庭劳动力的需要，几年或者十几二十年后，最终会固定居住在一方。虽然生活如此流转，但是夫妻对双方老人、兄弟姐妹都十分关心和照顾，对双方老人都具有赡养的责任，共同参与两家的农事劳动。入赘郎到妻子家生活和劳动，一般不改自己的姓名，所生的子女，长子（女）从母姓，次子（女）随父姓，三子（女）从母姓，四子（女）随父姓，依此类推，主要是使子女都能继承两家的香火，解决双方家庭的后顾之忧。在这种家庭形式下，入赘郎和妻子的地位是平等的，家庭财产也为夫妻两人共同平等拥有。第四种是“招郎转”，即入赘郎上门在女方家生活、劳动若干年后，可以携带妻子和子女回到自己的老家长期居住，不再返回妻家，所生子女全从父姓，由丈夫掌管家庭大权。“招郎”形式的盛行，有其特定的历史原因和社会原因，它既有利于调节男女双方对劳动力的需求和对老人的赡养，同时也是男女平等社会风气的具体体现。

“哥咬情妹手一口，哥情流入妹心中，谷熟麻雀不舍走，情妹挂在哥心头。”“妹咬情哥手一口，妹情流入哥心中，哥是山顶一堆火，妹

愿变成扑火蛾。”那缠绵悱恻的情歌又在瑶山的千山万壑响起来了。或许，爱情就该彼此“咬”一口，只有痛彻心扉，只有痛得血肉交融，方显爱情的魅惑，才能体现爱情的神圣与伟大。这就是瑶族的情感生活，纯真得如山巅飘浮的云朵，自由自在，无限拘束；浓密得如深山葱郁的林木，彼此纠缠，相依相靠。所以，去一趟瑶山吧，那里，有一方人间纯爱的净土；那里，有一个追爱的族群，伴爱而生，拥爱而存；那里，一切都有情，一切都含意，一切都洋溢着暖暖的、甜甜的爱。

第二节　见者有份与家庭互助

那一次，去了一趟瑶山，到了一座瑶寨。车行驶到半山腰就已经不能再往前了，下了车后，向导指着不远处的一座在绿树丛中若隐若现的寨子说，那就是此行的目的地。路是大石块堆积而成的，不经打磨，也不用规划，就那么随意地堆放，一直延伸到寨子前。那一次，主人家宰了两头羊，就在寨子露天的晒场上，每一个路过的人，只要是闲着的，不经主人家叫唤，也无需预先告知，都会主动加入帮忙，一切如同做自家活那么自然。到了晚间菜肴上桌，酒碗齐备，寨子里的老老少少都来了，满满几桌，热热闹闹的。主人家说，这是瑶族的传统，一家有酒席或者其他活动，全村人参与，互相帮忙，不分彼此，共生共存。那一夜，酒是要大碗大碗喝的，肉是要大块大块吃的，酒酣耳熟之时，月已上梢头，情已溢满山间。

也许，这就是瑶族“见者有份”的原始共产主义习俗的遗存吧。“见者有份”，这是瑶山自古以来狩猎活动和分享猎物的一种分配习俗，也是古代瑶族社会氏族公社时期生产产品分配形式的一种沿袭。围山打猎，这是瑶族古老生产方式的一种沿袭。瑶族地区山高林密，禽兽数量众多，大自然的恩赐，使得狩猎成为瑶族社会除了开山耕种之外最主要的经济活动之一。所以，一般除农事忌日或节日外，瑶族都会进行围山狩猎，特别是每年的七八月更是狩猎的繁忙季节。唐代刘禹锡的诗作《连州腊日观莫徭猎西山》写出了瑶族围山狩猎的壮观："海天杀气薄，蛮军步伍嚣。林红叶尽变，原黑草初烧。围合繁钲息，禽兴大旆摇。张罗依道口，嗾犬上山腰。猜鹰虑奋迅，惊鹿时踢跳。瘴云四面起，腊雪半空消。箭头余鹄血，鞍傍见雉翘。日暮还城邑，金笳发丽谯。"[①] 在生产力水平低下和生产工具极端落后的情况下，所有的经济生产活动均需要以密集型的集体协同的方式进行，这是人类早期赖以生活生存的主要方式。而狩猎，更是需要一种集体的行动，特别是在对付凶猛的、体型巨大的野兽时，团结协作，群策群力，这是能够成功猎杀野兽的关键。所以，在围山狩猎时，凡是碰上的人，不论出力多少，只要看见了猎物，均可得到一份收获；或者，在猎获大型野兽后，回到村寨里，不论是否参与狩猎，不论男女老少，均按人口每人一份。这就是瑶族社会"见者有份"的生产产品分配形式，集体劳作，集体生存，集体发展。这是一种源自族脉深处血浓于水的亲情，没有任何做作，也没有任何矫情，朴实、自然、真诚，就如这高山密林一样，每一种生物，每一样生命，都相扶相携，相依相存，共生共长，共存共荣。

"见者有份"这种习俗已经深深地渗透到了瑶族群众的日常生活中，从一些狩猎禁忌中，我们更能深刻地体味到这种习俗的朴实含义：在瑶族群众的观念中，围山狩猎所获得的猎物，必须要让众人品尝，平均分配；谁家得到了猎物，煮好之后，遇上的人去吃几块，主人家是非常欢迎、高兴的，认为这是"吃口"，越吃越容易再次狩得猎物；分配所得的猎物，必须要食进嘴里，不能拿去卖，如果食不进口，那么以后再也打不到野兽了。或许从以上禁忌中，我们可以寻得衍生

---

① 全唐诗（卷三五四）.

“见者有份”这一习俗的蛛丝马迹，但其中的本质，还是瑶族族内那种生死相依的血脉亲情。如果我们再沿溯人类学的互惠理论（互惠的概念是由德国学者图恩瓦首先提出来的，是指建立在给予、接受、回报这三重义务基础上的两集团之间、两个人之间或个人与集团之间的相互扶助关系，其特征是不借助于现代社会中的金钱作为交换媒介），就不难发现这种“见者有份”分配方式在促进瑶族内部团结与社会稳定发展中的重要作用。当然，互惠除去一些政治、权益的因素，它至少有以下的作用：一是互惠可以作为维系人际关系的纽带，使人与人之间发生互动，以此达到社会稳定的目的；二是互惠作为一种经济行为，自古至今都是一种再分配方式，也是社会再生产的环节之一，在一定程度上可以缩小贫富分化，起到一定的社会保障作用；三是互惠的频繁程度是区辨人与人之间关系亲疏的尺度。[①] 所以，长期的迁移和山居生活，为了生存，瑶族在其漫长的发展过程中，形成了一种抱团的精神，彼此互惠互利、互帮互助：狩猎如有收获，见者有份；猎取的小动物如不好均分，就熬成肉粥，大家分吃；寨子里谁家建房或有婚丧大事，当事者独力难支，邻里乡亲就有钱借钱、有物借物，相互扶携；谁家生活困难，缺衣少食，大家都会伸出援助之手，甘苦与共，共渡难关等。或许，正是这种抱团的精神，使得瑶族在长期的发展过程中，无论怎么迁徙，无论怎么流浪，即使怎么形散，而其神却永远胶合凝聚；也无论其支系再怎么众多，称呼再怎么繁杂，千百年来，“瑶”字永远都是他们的共同传承。

实际上，这就是一种互助的精神。而要探究这种互助的实质，还得沿袭着瑶族的迁徙之路，去问山、问水、问树、问风。因为，岁月征途，唯有风骨，方显其质。注定要以山为生，以林相依，那么，生活就得酝酿于刀耕火种中，而耕山、伐林、点播，这是一系列繁重的

① 杨丽云．人类学互惠理论系谱研究．广西民族研究，2003（4）．

体力劳动，需要邻里乡亲的密切合作，非一已之力而能胜任。所以，山林归属，由大家共耕，一切劳作，皆靠群策群力，于是，就有了“吾瑶家自盘古开辟，相传至今，几千余年，皆是一体无私”之说。[①]因为“一体无私”，所以在瑶族社会里，无论是在建屋筑房、播种收获作物、捕获猎物、婚丧嫁娶、宗教祭仪，还是在过年过节等社会生产、生活活动中，互助、赠与盛行。而这其中，“瑶老”制又起着关键性的作用。

“瑶老”制是瑶族古老的社会组织，有着悠久的历史，可上溯至汉代，宋时称“瑶酋”，元明以后，史籍上开始出现“瑶老”的称呼。[②]“瑶老”的称呼在不同的时代、不同的地方有不同的称呼，如广西壮族自治区南丹县大瑶寨叫“庙老”，云南省和广东省连南地区叫“龙目”，广西壮族自治区龙胜一带叫“社老”，湖南省瑶族地区则叫“峒长”，此外还有叫“村老”、“寨老”的，但无论称呼有多繁杂，“瑶老”制的头人，都称为“瑶老”。“瑶老”制作为一种社会组织，一般分为两类，一类是以血缘关系为纽带的亲属团体，一类是以地域关系为纽带的地域组织，即村社。所以，在瑶族村寨里，往往既有各种宗亲、姻亲组成的亲属团体，又有由各种宗亲、姻亲等亲属团体再次组合而成的村社团体，这样，整个瑶族社会就形成了一张扯不破、撕不烂的关系网，每一个人、家庭或者组织，都是这张网上牢固的节点，缠绕交织，紧密相结。所以，无论是在颠沛流离的游耕、迁徙过程中，还是在建筑房屋、播种收割、围山狩猎、宗教祭祀、婚姻丧葬的日常生活生产中，再或是对外交往、交涉、战争等外事活动中，均以亲属团体或村社组织为单位，由“瑶老”组织、指挥，集体劳作、集体行动：砍烧山林

① 《六段、仙家漕、老矮河三处石牌》序言。详见广西壮族自治区编辑组．广西瑶族社会历史调查（第一册）．广西民族出版社，1984：46.

② 《瑶族简史》编写组．瑶族简史．广西民族出版社，1983：49.

耕种时，头年要集体耕种，收获集体分配，即使第二年各户独立耕种，但仍然要“瑶老”先明请神示，方能开播；耕尽一山，需迁他处，同样需要“瑶老”先行派人出去探寻新林地山场，之后，才在新地上开村建寨，开始新一轮的刀耕火种；如遇外敌入侵，对外战争时，也由“瑶老”召集各团体和村社头人，共商议事，团结对外。正是这种互帮互助、团结协作的精神，使得瑶族在漫长的迁徙岁月中，无论旅程有多艰辛，无论路途有多遥远，也无论远方有多无垠，一路走来，总是如此坚实，如此铿锵，如此豪迈。

最能体现瑶族互助的，还是“借猪”的习俗。“借猪”的习俗在广西防城港的大板瑶中盛行。所谓的“借猪”，就是指男方家庭成员在筹办婚礼物资的过程中，由于宴请男女双方朋友宾客的酒席中所需的猪肉数量较多，而自己家又没有饲养足够数量的生猪时，于是就向村里的邻里乡亲提出“借猪”的要求，以满足整个婚礼宴席所需。之所以要进行“借猪”，主要是因为猪肉是大板瑶日常生活中的主要肉食之一，这在婚宴酒席中表现得尤为突出，要消耗大量的猪肉，是整个婚礼花费中最大的，如果单依靠个体家庭或者在市场上购买，限于经济能力，无法承受，所以，为解决购买力不足和大量需求之间的矛盾，只能在邻里乡亲中“借猪”；再则，由于大板瑶居于深山老林，地处偏远，交通不便，受地理环境和交通条件等制约，在筹办婚礼的过程中，外出购买婚礼所需物资就变得较为困难，尤其要大量购买生猪，这更是难上加难，所以，只能在群体内部寻求帮助。当然，“借猪”还要“还猪”，但“还猪”也有其特定的规则：一种是“还猪”的周期较长，只有当对方需要时，才须归还。这就使得一些村民在自己的小孩都已经结婚了，还没有将自己结婚时所“借”的猪“还”清。另一种是借多少，还多少；借什么部位，还什么部位。而“还猪”的方式也有两种：一种是将自己家饲养的生猪直接归还。另一种是如果自家没有饲养生猪，可以直接找第三方继续“借猪”，以此来还前家；或者是到市场去购买生猪归还。虽然，在他者的眼光看来，这种“借猪”的习俗多少带有一种过于不公的形式，尤其是在“还猪”这一环节，就显得有失于公允。但大板瑶却认为，这是一种非常好的互助形式，愿意一直沿袭并传承下去。在大板瑶的观念里，每一个人都有困难的时候，在其他人需要帮助的时候给予帮助，当自己需要帮助时，他人也同样会给自己帮助，帮别人其实也是在帮自己。所以，“借猪”靠的是世俗传承，“还猪”靠的是道德诚信，这种“借”、“还”之间，所体现的就是一种民族强大的精神凝聚力：不仅可以强化个体对家族的归属感，增强家族的聚合力和亲和力，而且能够为区域与区域、族群与族群之间提供一种强化友好关系的媒介，使彼此关系和谐、融洽。

所以，到了瑶山，进了瑶寨，千万要记住，你不是去一个瑶家，而是去一个群落，融入一个民族。因为在瑶山，哪家有血缘关系，哪家有连襟之结，你是分不清、道不明的，对瑶族来说，一家一户，都是兄弟姐妹；一村一寨，都有血脉传承。每一张脸，都是那么熟悉；每一个笑容，都是那么灿烂；每一家门槛，都是敞开的；每一户人家，都溢满了亲情的味道。所以，去趟瑶山，进趟瑶寨，就是回了趟家。

第三节　尊老爱幼与世系传承

要谈瑶族的尊老爱幼，首先得谈瑶族的度戒仪式。瑶族男子都要经过度戒的庄严洗礼。

度戒是部分瑶族支系的风俗，也是瑶族男子一种奇特的成年礼仪。在瑶族的观念里，只有经过度戒，才能承接家族香火，才能在族内确立一定的身份和社会地位，才能有参与族内重大事务的管理和决策的权力，才能生前受到别人的尊重，死后灵魂享誉尊贵。

度戒首先是一种宗教仪式，是以一种宗教的仪式来寻求神的保佑，酬谢还愿以及宣示一个人成年的社会行为，具有教育后代和传承民族内部传统文化的功能，包括道德、族规、族史、礼仪等的训诫和教育，都会在度戒的过程中一一体现。度戒是庄重、严肃、认真的。男子一般到了12岁之后，父母就开始为其选定度戒的日子，同时为他寻找度戒的师父。师父一般由12人组成，分为师公（武官）、道公（文官）、引教师（引教人）、四师父（证明人）、五师父（执笔人），他们作为受戒者在人间的行为监督者和知识传授者，有终生向受戒者进行族史、族规、伦理、法纪、社会公德教育的责任，并教会受戒者各种法术，为之咒鬼、驱邪。度戒前，受戒者还需要烧香祭供，与师父同住同食7天，这7天中，受戒者被视为还未出世的孩子，要做好重新投生的准备。受戒者要剃头洗身，头戴一顶竹叶帽，由一个师父领到引教师家去烧香，然后，再由引教师带到师公和道公家。从烧香的第一天起，就意味着受戒者不再是凡间的人了，要重新投胎于师父师母体内，烧香7天，等于师父师母怀胎9个月。烧香期间，师父会给其传授诸如如何为人向善、如何接人待物、如何尊老爱幼、如何勤俭持家、如何求知善学等各种知识，同时，要做到三戒：戒肉食，清心寡欲；戒外言，不乱说话；戒动跳，克制浮躁。受戒者白天要睡在床上静心修道，晚上则由师父灌输关于民间宗教信仰与法术的一些知识，并嘱咐受戒者要修善修心，诚心诚意地接受度戒。而在师父家烧香期间，受戒者的饭也只能由师父师母盛给，表示父母与儿子之间的骨肉之情。

度戒的仪式是很繁琐的，因为关于品性的培养，关于族脉的传承，所以，受戒者要经过近10种带有危险性而又痛苦的考验，如上刀山、跳云台、踏犁头、过火炼等。这就是浴火重生、凤凰涅槃的现实诠释吧。又或许，一切生命，皆要经过苦难与阵痛，方能茁壮成长？那云台，一般设在屋外离家近的较为平坦宽阔的山坡上，以四根木头为支柱，在离地5～10米的地方置一方桌，形成一个正方形的高台；同时还要用山藤编织成一张大网，网底用稻草和被子或毡子垫着，以便接住从云台上跳下来的受戒者。受戒者上云台，以前是不能走木梯的，而是走用刀面做成的刀梯，即“上刀山”。受戒者在引教师的指引下，爬上刀山，上至云台，两脚交叉，正襟危坐，庄严、肃穆、虔诚。在师公作法后，受戒者蹲身屈膝，两手五指交叉紧扣膝部，将头置于两膝之间，从云台上后仰空翻而下，落入藤网中，意即受戒者脱胎换骨，从天而降，落入地母之腹，也被称为“下火海”。受戒者落入网中，若紧扣的双手未松开，并保持坐相，则表示度戒成功。否则，就会被人耻笑，被认为是文武功德修行不圆满，甚至得不到姑娘的爱慕，找不到对象等，成为终生的憾事。除了“跳云台”，还要“踏犁头”，受戒者要跟着引教师赤着脚板在烧得通红的犁头上连踏三次，如安然无事，即获通过。“过火炼”一般是在晚上进行的，用柴堆烧成一条宽1米、长5米左右的火炭路，并在火炭路的一端放着一个烧开的油锅，火焰灼人。引教师一边高唱“过火炼歌”：“由本师带过，奉请雪山龙王，龙子龙孙降雪来，一更晚上下大雪，二更晚上下大霜，三更下着五毛血，四更下着五毛霜，五更金鸡来报晓，转来雪上又加霜，六月十五下大雪，七月十五下大霜，左手搬来千年雪，右手搬来万年霜，化得龙来龙退皮，化得虎来虎退衣，瑶家子女火海过，山中雀鸟退毛衣。”①一边受戒者赤着脚，一步一个脚印从通红的火炭路通过，如果一切相安无事，即度戒成功。或许，一切只是一个形式，但人生，必须要经过“刀山”的磨炼，经过“火海”的洗礼，才能使灵魂得到净化，才能让生命趋于升华，而其中蕴含的，就是培养瑶族后人一种不畏艰难险阻、勇往直前的精神。

度戒，实际上就是一种世系传承的过程。在受戒的过程中，师父

---

① 冯艺．瑶风鸣翠．广西民族出版社，2010：90～91.

都要诵读一些规劝受戒者如何为人、如何向善、如何传承文化的经书，这些经书，都包含着本民族祖先的来历、本民族的神话传说、本民族历史发展过程中的重大事件、如何为人处世、如何处理人际关系、如何尊老爱幼等内容，通过师父们的口头传承，在瑶族中世世代代相传，而受戒者，则在这种传唱中得到了精神与意志上的教育。所以，到了瑶山，你就会发现，瑶族一生严谨、守纪律、遵道德、勤劳本分、诚实无欺。这是一个十分注重道德品质、个人修养和整体形象的民族，所以，路遇老人要下马，途中要为老人负重物，见老人要问候；教育小孩不打骂，自己小孩做错事自己教育，即使别家小孩做错事也要教育自己的小孩不能去责怪别人……尊老爱幼，以身作则，言传身教，一切都如此自然而然，如此淳朴厚道，如此潜移默化。

如果说，度戒是一种文化的世系传承，那么，家族的继嗣制度体现的，则是一种血脉的世系传承。瑶族实行的是父系继嗣制度，其社会通过父系成员地位的传递，构成规模不同的继嗣群体。这种继嗣制度，可以追溯到瑶族起源的著名神话：盘瓠由于卫国有功被评王招为驸马，与三公主结婚，婚后生下十二子，评王赐姓盘、沈、黄、李、邓、周、赵、胡、郑、冯、雷、蒋十二个姓氏（十二姓氏各地传说略有不同，如有的无周、胡二姓，而有包、庞二姓；有的无冯姓，代之为唐姓），即十二姓瑶人，这是瑶族历史上最早的由同一祖先分离出来的十二个胞族。通过始祖神话的维系，十二姓瑶人在长期的发展过程中，逐渐形成了一整套相对固定的传承体系，世代相传。后来，由于人口的增长、婚姻以及接收异族养子等原因，瑶族的姓氏不断增加，如仅过山瑶就有 21 种姓氏。[①] 除此之外，同一姓氏中，还可以根据实际情况进一步细分，如盘、赵姓有“大盘”、“小盘”、“大赵”、“小赵”之分；邓姓根据祭祀盘王形式的不同分出若干宗族，用鲜肉祭祀盘王

① 黄钰，黄方平．瑶族姓名考释·瑶学研究（第 4 辑）．广西民族出版社，1997：507.

的称为“邓鲜”，用炕干的肉祭祀盘王的称为“邓炕”，改变祭盘王仪式的称为“邓厄”；李姓又有“李凤”、“李青”、“李鱼”、“李喜”之分。[①] 同时，随着人口的增加，每一家族又分出若干房族，如此延伸，枝繁叶茂。虽然瑶族的姓氏、宗族、房族不断增加，人口及规模不断扩大，但是都认同盘瓠为共同的始祖，在共同始祖一脉相承下，又有同姓祖先、宗族祖先、房族祖先、本家祖先等，“跳盘王”、“度戒”等重大宗教仪式就全面体现了瑶族这种同宗同源的传承现象。[②] 所以，在同一个瑶族村寨中，一般都有几个姓氏，同姓有同宗关系，同宗的又分为不同的房族，并有相应的名称和谱牒；不同姓的一般也有姻亲关系，甚至还有血亲关系。这样，瑶族父系继嗣制度就大致有了以下的纹络：出自同一祖先，下分为具有姓氏名称、居住在多个地点的氏族，在分支的过程中，又分成地域化、具有名称和谱牒的宗族及宗支。[③] 一个较为特殊的例子就是，瑶族盛行招郎入赘制度，入赘的男子所生子女从妻姓或一半从妻姓，甚至其本人也要从妻姓，表面上看似乎在这一制度下，实行的是母系继嗣制，实际上，其实质还是父系继嗣制，因为妻子的姓依然是妻子父亲的姓。在这一方面，瑶族与其他民族有所不同，即在父系继嗣制度的原则下，其他民族的男子所生的子女都属于同一血统群体的成员，但与这一群体的联系却只能通过儿子传给他的子女；而瑶族除了通过儿子将群体的联系传递以外，还可以通过招郎入赘的形式，通过女儿将群体的联系传递下去。[④] 这就是瑶族的世系传承，不刻意，不规划，无契约，也无做作，因为在他们的信仰里，没有什么比血脉更能世代流传，也没有什么比亲情更绵延流长。

“走过密洛陀用银子铺成的路，走过密洛陀用金子搭成的桥，来到

---

① 陈永昌等．泰国瑶族考察．广西人民出版社，1992：250～251.

② 张有隽．瑶族历史与文化．广西民族出版社，2001：196.

③ 谢剑．连南排瑶的社会组织．香港中文大学出版社，1993：162.

④ 张有隽．瑶族历史与文化．广西民族出版社，2001：200.

密洛陀用汗水育出的树林，来到密洛陀用双手抹平的山坳，敲起密洛陀送给的铜锣铜鼓，唱起密洛陀传下的笑酒撒旺，赞颂密洛陀造就万物的恩情，歌唱我们劳动、爱情的欢笑……”一曲“达努节”（“达努节”为广西巴马、都安、大化、隆安、马山、平果等地方布努瑶一年一度传统而隆重的节日，“达努”瑶语为“不要忘记”的意思）上的歌谣正悠扬响起。歌声里，不忘宗恩，铭记宗典的曲调，也正激越地滑落在这瑶山的千山万壑，充盈着每一户瑶家，牵动着每一个瑶人的心。

第七章

独具特色的瑶乡风情

瑶山是富于色彩的，是富于线条的，也是富于韵律的。去瑶山，一定要虔诚，要空明，要一尘不染，因为，这里，栖息着一群大自然的精灵，他们轻舞时光，雕琢岁月，营造家园；这里，也是上天遗留在人间的一块净土：山，是浑厚的；水，是清澈的；树，是柔美的；就连那飘浮的云，也是怡然的。自然法万物，万物归瑶山，所以，在瑶山，只需用心聆听，凝神静候，一个斑斓艳丽的世界，就这样，悄然地、轻盈地、欢快地如约而至。

第一节　斑斓服饰

白裤瑶、黑衣瑶、青裤瑶、蓝靛瑶、红瑶、红头瑶、白头瑶……以色为记，依色而分，或许，也只有瑶族，才如此迷恋世间的色彩，如此坚贞不渝地将色彩充盈一身；长衫瑶、花脚瑶、尖头瑶、负版瑶、米头瑶、顶板瑶、花头瑶……以衣名族，依衣而辨，婀娜多姿得如阳光下翻飞的彩蝶，将瑶山轻舞得一漾一漾的。

瑶族与色彩有着深厚的渊源，早在《后汉书》中就有记载，瑶族

先民“织绩木皮，染以草实，好五色衣服，制裁皆有尾形”。[①] 宋代周去非也详细介绍了瑶族先民制布染色的方法：“猺人以蓝染布为斑，其纹极细。其法以木板二片，镂成细花，用以夹布，而镕蜡灌于镂中，而后乃释板取布，投诸蓝中。布既受蓝，则煮布以去其蜡，故能受成极细斑花，炳然可观。故夫染斑之法，莫猺人若也。”[②] 这说明，在很早的时候，瑶族就已经学会了用植物制作原料染出多种颜色的衣服。传统的瑶族服饰尚黑、蓝、青、白等颜色，男子一般穿对襟或右衽和铜扣或布扣的上衣，或圆领花边丫形上衣；扎腰带，下穿宽脚长裤，扎绑腿；头、额扎巾。妇女一般穿圆领花边对襟或右衽长衣，下穿挑花长裤或百褶长裙，扎绣花腰带或围裙，脚缠绑腿。但不同的瑶族支系，其服饰又各有自己的特点。

巴马蓝靛瑶盛装　（李桐摄）

最让人眼迷的，还是那瑶山的服饰。在瑶山，你会发觉，你已经置身于一个色彩的世界：静止的，是大自然的花儿；移动的，是像花儿一样艳丽多姿、穿梭于林间山涧的瑶族身上的服饰。

去一趟广西壮族自治区金秀大瑶山吧，在那里，你可以欣赏到茶

---

① 后汉书（卷一一六）。

② 周去非．岭外代答·服用门。

山瑶、花篮瑶、盘瑶、坳瑶、山子瑶五大瑶族集团的斑斓服饰，[1] 犹如一盘颜料调板，倾倒在这瑶山的千山万壑中，姹紫嫣红，闪闪烁烁。

金秀茶山瑶 （李桐摄）

茶山瑶的男子穿着比较简单，大都是对襟布扣的唐装短上衣，宽松的长裤，以长丈许、绣有狗牙形图案的深蓝色或黑色布料包裹头部。而女子的衣裳则多姿多彩，平时穿右衽无扣衣，衣缘、襟边、袖口均绣以红色花纹图案，腰带也绣有各种花草纹饰。最迷人的还是那逢年过节时姑娘身上华丽的盛装。装扮时，梳四条辫子，上插银梳和三块长约一尺二寸、宽约二寸、重约一斤多的弧形银钗，另用黑布包束其

① 以下相关五大瑶族集团服饰描述均详见莫金山主编．金秀大瑶山——瑶族文化的中心．广西民族出版社，2006：191～195.

中的一块银片，连接银梳，再缠上三条红黑两色、长约一丈的棉纱丝绒。为固定银钗，额前还缠以绣有花卉的布条，并插上十根银簪和一块长方形铸有花卉及风景图案的铜板，铜板两端缀四个小铃，结上五彩絮带子，佩戴耳环、银项圈、银手镯、银戒指，系上绣有七层彩花、缀有18颗银珠并结有彩絮的腰带，华丽异常。

花篮瑶衣如其名，其服饰多以蓝黑色棉纱布作基料，服饰上的图案也多以花卉为主，有兰花、金银花、玉米花、山茶花、八角花等，所以，走进花篮瑶的村寨，就犹如走进了一座移动的花园，各种花色争奇斗艳，五彩缤纷。花篮瑶成年男女都爱穿中统短裤，小腿套黑色包布，用1米多长的花带缠绕外面；喜戴银饰，认为银饰可以辟邪，又可以当作装饰之用，姑娘们一般都佩戴有银耳环、银手镯、银项圈等，此外，出门时还时常佩戴铜铃，行走于林间山径，叮当有声，清脆悦耳，宛如天籁之音。

盘瑶的衣服多以黑、紫两种为底色，着长裤，劳动时在裤筒下截绑上绑腿，并束之以小花带。妇女衣服绣有各种花草树木等图案，绣艺高超，栩栩如生。特别是头上的方巾，如新娘的头巾，在底布上，以红、黄、青、蓝、紫五色丝线，绣上鸡冠花、重幼花、万寿花、大木花等，周围镶上红、蓝、青三色花边，紧靠花边的又绣上呈花环状的180朵鸡冠花，两边配以16朵花，各挑上5组红白相间的万寿花。头巾的中心绣上40朵山茶花，裤子膝盖以下也全挑上花，呈纵式排列，共有8列，有金花、银花、针叶花等，俨然一个花的

盘瑶服饰　（李桐摄）

世界。坳瑶男子一般穿大领对襟、长可及膝并左右开衩的服饰，女的衣着绣有花边，穿短裤。男女多梳髻，并以白布做成的长头巾绕髻缠扎，露髻在外。

最为独特的是坳瑶妇女所带的竹壳帽，其用崭新雪白的嫩竹壳折制而成，帽呈梯形，四周插上5颗银质发髻，两侧各绕上一条银光闪闪的链条，轻盈、美观。山子瑶的服饰一般以自制的黑、紫土布制成，为大领对襟。男子着长裤，装饰有头铰、头钉、头针、耳环、项圈、烟盒等；女子的服饰多挑花刺绣，特别是头巾和领巾，都绣有精细的花纹图案。总体而言，金秀大瑶山的瑶族，衣着多以自织的黑色、深色的布料为主，这主要是便于山居的耕作，具有耐脏、耐磨、耐用等作用，在色彩上，一般以红、黄、绿、蓝、紫为主，这就是所谓的“好五色服，衣裳斑斓”之说吧。

平地瑶服饰　（李桐摄）

去一趟广西壮族自治区龙胜各族自治县，一定要去一趟和平龙脊景区，或许是为了欣赏美轮美奂的梯田美景，又或许，更是为了赶一趟“晒衣节”。每年的农历六月初六是龙胜和平金坑红瑶传统的“晒衣节”。这一天，家家户户的红瑶女子都会把压在箱底的衣服拿出来，花衣、花裙、花饰，一件件、一套套，整整齐齐地，在晒杆上、走廊上、床檐上晾晒。那一排排粉红色的上衣、黑色的百褶裙、精致的头饰腰带、针织手绣的丝巾，在那暖暖的阳光下，在那柔柔的和风

里，色彩绚丽，轻舞飞扬，形成了一道独特亮丽的风景线。最迷人眼、最醉人心的还是那青坡上艳艳的红，红得炫目，红得热烈，红得煽情，这就是被誉为“桃花林中的民族”的红瑶，因其喜穿红色服饰而得名，族以衣名，而衣以红著。为何喜着红衣，有传说瑶族在迁徙时，队伍很长，容易走失，为了便于辨认，走在前面的便穿上红衣，久而久之，就演化成了红瑶。传说是简单的、朴素的，但红瑶姑娘长针织，善刺绣，这却是事实，有歌谣中唱道：“五岁六岁玩泥巴，十三四岁学绣花；十七十八方出嫁，十九二十抱娃娃。”所以，在十二三岁时，姑娘便要开始学习穿针引线、织草绣花，学习各种针法、绣法、图案穿插组合等各种技艺，全身心地投入到刺绣中，为自己织绣嫁衣裳，一件精致的嫁妆绣花衣，往往要花费一年的时间，所以，红衣成为瑶族姑娘最珍贵的服饰。红衣的材料来自于红瑶姑娘种桑养蚕拉丝纺线而成的，缝制时先用棉线为纬线，然后用蚕丝染红为经线，以大红为主调，间配以浅红、草绿、深紫、艳黄等色调，呈现出一片艳丽夺目的色彩。最复杂的是刺绣，刺绣时必须按布料原来的经纬线条进行，才能准确计针数纱挑花，图纹造型概括、简练、对称，呈几何化。而这些精细复杂的图纹全凭刺绣者的想象力，不需要先描图，而是全凭经验，依照底布经纬中的“布孔”来构思刺绣图案，不仅要千姿百态，还要寓意深刻。所以，红衣上总有水纹托着船形的图案，船上还载着若干人，这里寓意着瑶族祖先漂洋过海过江的迁徙场景；因为传说中始祖盘瓠为一种五彩斑斓的龙犬，所以，衣服上总挑绣着五彩的图案。这就是红瑶的衣饰，这里，红衣上的挑花图案、丝线纹络，已经不再只是一种华丽的装饰品，而是一行行的文字，一页页的历史，在向世人展示瑶族坎坷、曲折而又顽强、坚韧的历史。

印象中，广西南丹县的里湖，应该是一汪碧水，烟雾迷蒙。但里湖不是湖，而是山的湖、树的湖，这里，居住着一个独特的瑶族支系，叫白裤瑶。白裤瑶酷爱白色，白色的寨子、白色的衣饰，白得洁净、白得纯真、白得返璞归真。白裤瑶男子服装由五大件组成，即白色头巾、圆领无扣黑土布对襟上衣、白色灯笼裤、黑色腰带和绑腿，其中灯笼裤尤为奇特：裤长仅及膝部，宽裆，纯白色，在膝盖处绣有五条鲜红直线条纹，中间长两边逐渐减短，形似五指，红白相间，甚是鲜明。女子的服饰分为夏装和冬装，四季皆穿百褶裙，长至膝盖，浅蓝色的裙面上，用黏膏汁画染成三组深蓝色的环形图案，并错落有致地点缀零星的蚕丝布，裙边则镶红色织锦和黄色蚕丝布，朴素而艳丽，浓淡相宜；胸前为一块黑色土布，背后是一块白底蜡染布，前后两块布不缝合，只用布带系紧；背后的布块上绣方形图案，多为回形纹、正字纹、万字纹等几何图案，多数图案形如方印。所以，白裤瑶的衣饰就有“及膝白裤，背绣大印”之说。为何喜着白裤，为何又在背后绣有方印图案，这源自于传承，源自可歌可泣的传说。据传，白裤瑶的祖先原居住于金城江（今广西河池市）一带，后来，来了一个土司，要强行霸占白裤瑶的居住地。瑶王不答应，于是率领众瑶民和土司派来的军队打了起来。战争是残酷的，也是艰苦的，白裤瑶最终寡不敌众，被迫出逃，逃到了今天的里湖一带。当时，大家又困又乏，靠在山边就睡着了。这时，瑶王发现有一个老人来到他面前，说：“这里有山有水，是个好地方。”瑶王问：“好在哪里？”老人说：“有山就有禽兽，可以打猎，有水就可以种庄稼。过不了几年，这里就会变成美好的家园的。”瑶王一看四周，果然如此，不觉将满是鲜血的双手在膝盖上一拍，大声一叫：“好！”醒来一看，原来是一个梦。从此，就在里湖一带定居下来。只是瑶王白色裤子的膝盖部位却留下了五条鲜红的血手指印。以后，白裤瑶为了纪念瑶王，就在裤子的膝盖部位用红丝线绣了五根红条纹，而裤子膝盖以下由于长途奔波，早被荆棘撕掉了，于是改成了及膝白裤。女子背上绣的方印，也来源于传说：在很久以

前，白裤瑶居住在南丹县城附近。当时瑶王已年过六旬，膝下只有一个女儿，至公主长到15岁时，瑶王便张榜招婿，虽然来应征的小伙子络绎不绝，但公主都看不上。直到一天来了一个身材魁梧的小伙子，公主才满意，迎其进屋。婚后不久，公主生下了一个胖娃娃，哭闹不止，只有装有瑶王印的红木匣才能逗他欢笑。一天，女婿提出要带公主和儿子回家看望父母，但孙子一离开红木匣就哭闹，所以瑶王只好让女婿也携带着红木匣回家。不久，瑶王要办公事，需要瑶王印，于是派人去取，却发现印不见了。这时，女婿竟带着土司兵攻打进来了。由于没有了瑶王印，瑶王一时调遣不了各寨瑶兵，被打败了。原来土司早已对瑶王居住的地方垂涎已久，趁瑶王招婿之机派自己的儿子来骗取瑶王的信任，夺走了大印。从此，为了不忘夺印之仇，也为了使瑶家的大印永远铭刻在大家的心中，妇女们就在自己的衣背上绣上了瑶王大印。[①]

这就是瑶族最绚丽多姿的色彩，走进瑶山，就像无意中撞开了美的大门，满眼都是美的意境、美的旋律、美的世界。瑶山的色彩，是自然的、是淳朴的、是一尘不染的，所谓的“天地与我并生，万物与我为一”的意蕴就应如此吧。所以，去一趟瑶山，满载而归的，不只是那满怀的浓情、那熏香的色彩，还有那期盼着下一次相遇的约期。

第二节　依山民居

或许，因为始祖盘瓠被评王招为女婿之后，“负而走入南山，止石室中，所处绝险，人迹不至”？[②] 或许，因为长期受到封建统治者的欺

---

① 以上相关白裤瑶的传说均详见蒲朝军，过竹主编．中国瑶族风土志．北京大学出版社，1992：123～125.

② 后汉书·南蛮传．

压，居不离山，所谓“官有万兵，我有万山，兵来我去，兵去我还”?[①] 又或许，因为一生总是随山而徙，所以一生也总遇山而居？莽莽群山，悠悠聚落，三五一村，七八一寨，如繁星点落，似繁花铺就，总之，瑶山的村寨，总充满了山的气息、山的品质、山的风骨。

瑶族居山，与山有着不解之缘，自古以来就有“依山结茅”的传统。瑶族的村落，大多位于海拔 700～1200 米的高山密林中，部分居住在石山或半石山区，少部分居住在河谷、丘陵一带。或山巅建村，或半山腰建村，或山脚溪畔建村，以山为靠，依山而居，山是世代的家园，孕育着民族最坚韧的根。但选择盖屋建村的地方还是有讲究的，要风水相宜，要流水潺潺，要竹木葱郁，要土地丰沃，一切都要有利于生活，有利于生产，有利于生存，因为，这关系到族的繁衍、族的延续、族的传承。

不同的支系、不同的自然环境同样孕育着各具特色的建筑结构和房屋布局。由于依山而建、地势不平，所以在房屋结构上，多为上下两间或数间，而在建筑形式上，则大致分为四类：第一类为横宽式，盘瑶支系房屋多属此类。此类又分为两种：一种较为古老，整个房子是一大间，以木柱分为四个部分，中间为大厅，左边是卧室，右边是厨房，洗澡间搭在屋后，猪、牛、羊圈和谷仓设在屋外；另一种一进三大间或二进六大间，分别作为大厅、卧室和厨房。第二类为干栏式的楼居，与壮族毗邻的布努瑶多居于此类房屋。房屋呈狭长状，有二进至三进，有门无窗。楼上住人，分正厅和卧室，左右为睡房和厨房，下层关养猪、牛、羊、鸡、鸭等牲畜家禽和放置家具等。第三类是曲线长廊形，是居住在高山的盘瑶、山子瑶主要的居住形式。房屋盘山而建，从右侧进屋，屋子分大厅、卧室、睡房和澡房等几部分。大厅可作为厨房，中间设有火塘，煮饭、烧水全在这里。出左门是谷仓和

---

① 蒲朝军，过竹主编．中国瑶族风土志．北京大学出版社，1992：134.

猪栏。整个房屋构造呈曲折的长廊形，背靠高山，前临陡坡，从远处眺望，好似悬浮在半空中。第四类是直线长廊形，以广西金秀茶山瑶的住房为代表。房屋多为狭长式，主房分厅堂、卧室、厨房几部分，厕所、浴室、谷仓、猪圈、牛圈等在主房两侧或是在屋后另建。[①] 如果以墙体构成来分，有草编墙、夯土墙、石砌墙、砖砌墙等；以屋顶建材来分，又有茅草顶、树皮顶、瓦顶、水泥混凝顶等。但无论哪种房屋，一方面，要讲究舒适、实用；另一方面，同样也注重装饰，如多数瑶族的房子在屋檐、楼顶、门框、梁柱、窗棂、走廊等处都雕有花草树木、虫鱼鸟兽等纹饰，绘有凤凰呈祥或双龙戏珠等寓意祥瑞的图案，技艺精湛，美观大方。

最别致的，还是那金秀茶山瑶的房屋建筑。相比其他瑶族支系来说，茶山瑶的居住条件较为优越，居住也极为集中，村落规模也较大，多数建筑沿河而建，背靠青山，村村相连，或高或低，错落有致，功能齐全，历史久远，这就是茶山瑶建筑的总体概貌。茶山瑶的建筑有两大特点：一是防御，二是装饰。茶山瑶的房屋多建于清代道光至光绪年间，少数建于明代。在那个兵荒马乱的年代，为防御外族的侵扰和防范匪患，茶山瑶不得不将村寨建设得如一座城堡，每一座房屋，不论是从前门还是从后门到房屋的中心部位，均要经过两三重厚重的门板，而各家各户在由大门进去的第二层或第三层处，在两边的山墙各开一个小门，平时关闭着，在发生战事的时候，则将小门打开，这样就使得各家各户相互沟通，使整排房子连成一片，使整个村子贯通一致，便于统一指挥，统一行动，既可集中御敌，也可分散行动，彼此相互支援，使全村变成共同御敌的一个整体。而上下排的房屋中的巷道两头均有闸门，各排房屋又随着山势弯曲，因此在几排房屋之间的枪眼布置火力，就可形成一个交叉的射击网，易守难攻。实际上，

① 覃乃昌主编．广西世居民族．广西民族出版社，2004：95～96.

这种既相互独立又共享空间的建筑布局，不仅能够防止也受攻击和防御外敌入侵，而且也能够极大地增强民族的凝聚力和自信力。

茶山瑶建筑的装饰也是独具特色的，其主要体现在大门上。大门是一个家庭的门户，其好坏关系到家庭的形象，因此在设计制作上十分考究。大门主要由门匾、童灵、门板、门乳、小矮门、门墩等组成。门匾悬挂于大门正上方，以厚木板制成，其上雕有神仙人物、麒麟龙凤、花草虫鱼等各种图案，刀法明快，纹络细腻，风格典雅，栩栩如生；色彩多为红、黄、蓝、绿、黑五色，相间使用，色泽艳丽，五彩缤纷；匾上一般雕刻有“春风及第”、“三星在户”、“忠厚家风”等吉祥语，笔法刚劲、有力。童灵是门楣上两个突出的朱砂色圆木，同样雕刻有“富贵”、“吉星”等表示吉祥富贵的文字，或者雕刻上八卦阵、阴阳图等。茶山瑶认为，童灵相当于汉族、壮族挂在门上的“照妖镜”，能看破走过门前、门边的鬼怪，使鬼怪望而却步，保佑全家平安。门乳为门板上的两个环，其相当于女人的乳房，两块门板合拢起来就相当于一个女人的身体，寓意为滋养着家庭的子子孙孙，给家庭带来好运，使家庭繁荣昌盛。每家每户的大门前，还要设计两扇小矮门，宽度与大门相等，高约 1 米，上面雕刻有神仙、麒麟、龙凤、狮虎、花鸟虫鱼等寓意吉祥如意的图案，精雕细琢，构图精美；门轴上端则设计雕刻成兽头、葫芦状、人物头像或铜钱图案等。一方面，小矮门上设计装饰各种吉祥物，可以起到镇恶避邪的作用，满足人们招财进宝的心理需求；另一方面，白天敞开大门，关上小矮门，既采光、通风良好，又可防止小孩走出或爬出厅堂，同时防止猪、鸡等牲畜进入室内。门墩用粗大的硬木制成，坚固耐用，主要用来防御匪盗的猛烈攻打。所以，茶山瑶的建筑，不仅具有很强的防御性和战斗性，而且也具有极高的艺术性和观赏性，将战争与艺术融为一体，这也许就是茶山瑶建筑的独特与精湛之处，凝聚着茶山瑶千百年的风云岁月。

金秀县金秀镇茶山瑶传统民居　（李桐摄）

最美的，还是富川瑶族自治县的桥，青瓦、砖架、木板铺、木栏、木檐、木板凳，集桥、楼、亭为一体，质朴自然，轻灵飘逸，面空临虚，与天地合一。富川的桥，不只是具有渡江过水的功能，它还兼有遮风挡雨、休闲娱乐的功能，侗族将这种桥称为“风雨桥”，而瑶族则将之称为“瓦桥”。在富川境内，建自明清时期的“瓦桥”有 20 多座，现保存完好的有 10 多座，其中最著名的当属横跨黄沙河上的回澜瓦桥和青龙瓦桥，对此，《古建园林技术》称：“回澜、青龙两座风雨桥，乃是集我国北方的石券桥、南方的亭、古元的阁，以及本地的廊桥，四者造型特点于一物的组合体。这就产生了别具富川特色的新品种——石券廊桥，在全国古建园林中是属独特的。”[①] 回澜桥始建于明

① 转引自《富川瑶族》编写组．富川瑶族（内部资料）．2003：128.

代万历年间（1573～1620 年），比驰名中外的广西壮族自治区三江程阳风雨桥还要早建近 300 年。明崇祯十四年（1641 年）重修。南明隆武二年五月（1646 年 6 月）建以石栏。清道光庚子岁至乙巳岁（1840～1845 年）再次重修。新中国成立后，1986～1987 年又对其进行了维修，保留了原貌。桥全长 37.54 米，宽 4.6 米，高 4 米，由三拱石拱、桥亭和阁楼三部分组成，桥面全部用青石板组成。最为独特的是桥上的亭，亭高 3.5 米，由 36 根圆木支撑，两边外 10 内 8 对称，采用招梁式结构、榫卯结合而成，结屋十楹，中耸一楼，跨屋三楹，两旁设有木栏兼长条大木凳，专供往来行人憩息、避风雨及观赏湖光山色及田园风光。阁楼为二层，正方形，与桥亭相通，由四根圆木支顶，边长 7.6 米，高 8 米，底层由砖砌石基，有东、西、北三座石门，各门上有额题，东题“辉腾叶变”、西题“往来通衢”、北题“江流砥柱”。青龙桥建设年代与回澜桥相仿，清嘉庆初年（1796 年）重修，道光甲午年（1834 年）再次重修，此次重修，将阁楼增高一半，增建一楼，成为三层楼阁，1986 年又由富川瑶族自治县人民政府拨款维修。此桥同样由石拱、桥亭、阁楼三个部分组成，桥长 26.7 米，宽 4.7 米，高 5 米；桥亭由 4 柱抬梁构架组成，歇山顶，三重飞檐，山上泥塑彩画；分东、西、南三面石门，门额上分别写有“翠拔群峰”、“山水环立”、“升仙气象”等题字。回澜桥与青龙桥相隔 1000 米，遥相对应，被称之为“鸳鸯桥”。

为何称为“鸳鸯桥”，这其中还有一段凄美动人的故事：万历年间，富川县有一潘姓员外，养有一漂亮的女儿潘兰芝，到了婚嫁年龄，便出榜告示招女婿，很多人来应征，都没有能够让潘小姐满意，直到汉族举人何廷枢出现。但由于当地风俗规定，瑶汉不能通婚，所以何父坚决反对，无奈何廷枢只好进京赶考，中了进士之后被封为监察御史。而潘小姐在何廷枢进京赶考期间，也被朝廷选美官员选中，送进

富川风雨桥　（李桐摄）

宫中为妃，后虽得到皇帝的召见，但终因其硕大天足被打入冷宫，直到8年后偶遇皇帝开恩，才被遣回原籍。回到原籍后，按当时法律规定，凡被封为妃子的美女没有皇帝的旨意是不能嫁人的，为了表达对往日情人何廷枢的思念之情，潘小姐决定在黄沙河上架一座桥，由于何廷枢为青龙投胎，于是取名为“青龙桥”。桥建成剪彩那天，潘小姐端坐高台，想起自己与何廷枢有情人不能终成眷属，一时悲喜交集，于是纵身跳入黄沙河中。几十年后，何廷枢告老还乡，听到了潘小姐建青龙桥，在桥建成之日跳进黄沙河殉情之事，不禁老泪纵横，不胜唏嘘。为报答潘小姐的深情厚意，何廷枢决定在青龙桥的不远处建一座规模宏伟、造型美观的桥，因韩愈《进学解》有“会百川而东之，回狂澜之既倒”之句，于是取名为“回澜桥”。这样，回澜桥与青龙桥就如此遥遥相望，犹如一对百年厮守的恋人，伴青山环黛，听江水东流，日日、月月、年年，绵延不息。

无论是随山势而建的建筑，还是横跨河面上的桥梁，讲究的都是一种统一性、有序性、和谐性，这就是瑶族处世、为人的朴素哲学。对瑶族来说，房屋建筑，不仅仅只是遮风挡雨，更重要的是，那一石一木，筑构的，永远都是浓厚的亲情和坚韧的族脉。所以，重关系、亲自然，永远都是瑶族孜孜以寻的生活和生存的真谛。

第三节 风味饮食

到了瑶山，进了瑶家，肉是要大口大口吃的，酒也是要大碗大碗喝的。因为，这里不仅是美酒的世界，也是美食的天堂。

山居的特点和大分散、小聚居的分布格局，造就了瑶族独特的饮食习俗。从主食上看，山地粮食作物诸如旱谷、玉米、红薯、木薯、山芋、粟等长期占主导地位。玉米迄今仍然是许多瑶族地区，特别是广西都安、巴马、大化等石山地区瑶族的绝对主食；大米也是瑶族的主食之一，但与周围的汉族、壮族相比，其种植水稻的历史相对较晚，所占的比重亦相对较低。在蔬菜方面，受自然条件的限制，山居瑶族种植的蔬菜的品种不多，常见的有芥菜、白菜、卷心菜、萝卜、菠菜、空心菜、辣椒、茄子、大蒜、芹菜等；此外还有一些瓜豆类，如南瓜、黄瓜、冬瓜、豆角、四季豆、黄豆、饭豆、雪豆等。在长期的生活实践中，瑶族人民还发现了不少可以食用的野菜，如鱼腥草、野葱、野芹、飞机菜、蕨菜等。肉食主要来源于家庭养殖的猪、牛、羊、鸡、鸭、鹅、兔、鱼等。但在历史上，捕猎野兽在瑶族地区占有重要的地位，这样既可以减少野兽对庄稼的损坏，又可以增加日常生活中的肉食来源、改善生活。据20世纪五六十年代的调查资料表明，瑶族地区的绝大多数家庭都有一件以上的捕猎工具，如猎枪、铁夹等。今天，随着社会经济的发展，瑶族地区已基本上结束了捕猎活动。

长期的山居生活，使得瑶族精于各种肉类制品的制作。腊肉是瑶族民间普遍采用的一种肉类储存的方式，在广西桂北的恭城、富川、金秀等地尤其盛行。其制作方法是：先将新鲜宰杀的猪肉割成两三斤

不等的条状，放入大缸或大盆中，用盐、酒腌好，等三天后盐、酒入味，即将肉一一串起，悬挂到火塘之上或楼梁上让火烟慢慢熏烤，一般要经一两个月，待肉中水分尽去，呈金黄色，此时才将其取下，用刀切成薄片，其片呈透明状，或煎炒，或蒸焖，或配以其他时蔬，一口咬下，既带有烟火的清香，又带有岁月的味道，香脆可口，别具风味。或许，因为年节隆重，年猪肥重，一时半刻吃不完，聪明的瑶族人才想出了此法来储存猪肉；或许，因为以前山高路远，疏于集市，买卖不便，以此法储存猪肉，是为了以后自用或款待佳客。所以，到了瑶家，那悬挂于火塘上的一串串腊肉，散发出或浓或淡的柴香，再映衬着瑶家人那熟悉而亲切的笑脸，你会突然间觉得，风尘仆仆的脚步，原来已踏在了久违的家。最具特色的还是“巴马腊香猪”。广西巴马瑶族自治县，不仅是世界上著名的“长寿之乡”，同时还是闻名于世的“香猪之乡”。巴马香猪是一个具有悠久的饲养历史和稳定的遗传基因、且品质优良而珍贵稀有的地方小型猪品种，其性野早熟，外貌清秀，体形矮、小、短、圆，成年最大个体 45 公斤左右；其皮薄肉细、胴体瘦肉多、肌肉鲜红、肌纤维细嫩、脂肪洁白、味美甘香、营养丰富，胜似山珍野味果子狸，烹调时不添加任何佐料也香气扑鼻，素有“一家煮肉四邻香，七里之遥闻气味”之美称。而制作“腊香猪”是需要耐心和技术的。将鲜活的香猪宰杀后，要先把附着的猪肚囊、猪淋巴和猪骨等全部清理干净，只留下干净的带皮猪肉。然后要按照 5 公斤猪肉加进 15 克食盐、50 克 53 度白酒、50 克生姜新鲜汁液等原料进行腌制浸泡。腌制好后，放进烤房里烘干；烤房一般为 30 平方米大小，一次可以烤制 40～50 只香猪，烘干温度务必掌握在 40℃左右，每批产品烘干一般需要 3～5 天；烤的速度不能太快，如果太快了，皮与肉就会分层，也不能太慢了，否则大量水蒸气就会进入肉体，肉就会烂掉。烤完后，把香猪猪肉放在普通的房子里放置 1～3 天，使其自由吸收空气中的水分，当肉品复原至肉皮不硬才算制成。吃时，先将一大块腊香猪放入沸水中煮7～8分钟，然后捞起放凉，再将腊香猪肉切成薄片或条状，佐以蒜蓉，或蘸点白糖，或配以时蔬翻炒，或下火锅，风味独特，香气诱人。目前，香猪已经成为巴马的支柱产业之一，经过加工精制而成的巴马腊香猪制品已远销全国各地以及东南亚各国，产品供不应求。

实际上，在金秀大瑶山，以上储存肉类的方法又叫“酢”，只不过，除了酢肉，还可以酢瓜菜。酢的制作，源于何时已经无以考究，但宋代史料有载：“南人以鱼为鲊，有十年不坏者。其法以及盐面杂渍，盛之以瓮，瓮口周为水池，覆之以碗，封之以水，水耗则续。如是，故不透风。鲊数年生白花，似损坏者。凡亲戚赠遗，悉用酒鲊，唯以老鲊为至爱。”[①] 这里的“鲊”，即是以鱼加盐等调料腌渍而成的“酢”，由此可知，瑶人制酢具有悠久的历史。酢的主要原料之一为酢粉。酢粉是用粳米干炒磨粉而成的，但制不同年份的酢，粳米炒制的程度也不同：若要制半年酢，只将粳米炒至微黄磨成粉就行；若要制一年酢，则要将粳米炒至黑黄；若要制两三年以上的老酢，则要将粳米炒成黑炭状，愈黑，酢愈醇香，所以，民谚就有“米白价涨，酢黑味香”之说。制瓜菜酢时，只需将瓜菜洗干净，晒至半干，拌以酢粉和食盐，装入坛中密封即可；而制作肉酢就相对精细复杂，如先将肉洗净去水晒干，切成小块，按肉、酢粉、食盐2∶1∶1的比例将三者混合拌匀，装入坛中。装坛时，要先在坛底撒上半寸厚的炒米粉，然后将酢肉码好一层，撒上炒米粉、食盐，再码一层肉，再撒上炒米粉、食盐，如此往复，直至码到坛口，然后密封，并在坛沿口盛水，以防空气进入，放置半年后即可食用。吃时，或蒸或炒，浓香扑鼻，酸鲜可口，让人回味无穷，素有“一家吃酢，全寨皆知”之说。最让人推

---

① 周去非．岭外代答·食用门．

崇的是鸟酢。金秀大瑶山具有茂密的原始森林，林中鸟类众多，其中有一种鹎亚科候鸟，因其叫声似“雪”，故瑶民称之为“雪鸟”。金秀大瑶山是“雪鸟”由北方南下海南过冬必经的落脚之地，这时，瑶民便将其捕捉，一般每家每年可捕到三四百斤的“雪鸟”，多的可达到五六百斤，吃不完就腌制成酢。将“雪鸟”宰杀褪净毛后，掏净其内脏，放到炭火上烘烤至七成干品，以酢粉和食盐混匀后放入坛中。酢粉需炒至黑炭状，食盐也要用生盐。坛口不能盛水来阻止空气进入，而要用棕衣或者竹叶捆扎紧，然后将坛子倒置，放在阴暗干燥的楼阁中，不给近火，也不让阳光直射，由其自然腌制成熟。这样，鸟酢可保持五六年不坏，若十年才揭开，鸟肉已化成胶质，此时已失去食用价值，但却有着治疗痢疾和解毒的药用功效。

进了瑶寨，是要喝酒的，而且要大碗大碗地喝。酒，在瑶族的世界里占据重要的地位，它不仅仅是一种日常饮品，而且蕴含着瑶族浓浓的情意。每踏进一户瑶家，话题还没有展开，首先来三大碗米酒，瑶家人叫“进门酒”。酒是要一碗一口气喝下去的，一碗喝完，再接一碗；酒很淡，但却很能醉人，待到三碗酒过后，开始切入正题的时候，却已经是醉眼蒙眬了，眼前晃动的，尽是那亲切的笑脸和爽朗的笑声。或许，因为常年山居，气候寒湿，适量饮酒，可以祛湿御寒，强身健体，所以，无论瑶族男女，都能喝酒，特别是瑶族男子，普遍嗜酒，一日三餐，皆离不开酒，而且很多地方喝酒用海碗而不用酒杯，可见酒风之盛。酒，不仅是宴席必备之物，还是一种交往的媒介，所以，亲朋往来，必以酒水相待，以示尊重。瑶家的酒，都是自酿的，日常作物及山野果实，皆可酿造化酒，如大米酒、玉米酒、红薯酒、木薯酒、芭蕉酒、捻子酒等，柔和淡雅，滴滴甘醇。“曲为酒之魂”，瑶家的酒之所以独特，之所以香浓，就在于其原生态的酒曲。金秀瑶族酿酒所用的酒曲，源自一种叫“狗藤”的植物。“狗藤”生长在大瑶山的原始森林中，多长于山溪林荫之处，因揉搓嗅之有股鸡（狗）屎臭味，又被称为“鸡（狗）粑藤”。将“狗藤”的茎叶采集后，切成3厘米长，放入石臼中捣碎成糊状，用温水稀释挤水，捞起藤渣弃用，然后磨米成粉，放入此温水中，将之掺揉，捏成汤圆大小的米团，放在簸箕里阴晒，待米团长出白毛后，再让其自然风干，就成了酒曲饼。以“狗藤”酿造出来的酒，口感柔和，醇而不烈，甜而不腻，纯正爽口，具有滋阴壮阳的功效。但新酿造出来的白酒，多带有一股生硬辛辣味，必须经一段时间的储存，才能使之绵软柔和。所以，要先将新酒倒进坛罐中，至八九成满时，再用黄泥加拌灶灰密封坛盖，使其无法透气，然后将之放到小梨果（一种山上野果）树根下的地窖中储藏，使之老熟，时间愈久，愈加香浓，味道更醇。

田林大板瑶传统磨米　（李桐摄）

因为生活因酒的浸润而甘香醇美，也因为生活中无酒不成欢，无酒不成礼，所以才有了瑶族“笑酒”的风习。“笑酒”主要盛行于广西壮族自治区西部的都安、大化、巴马三个瑶族自治县及其周边的布努瑶支系，是一种在各种吉庆酒席上举行的唱歌、说笑话的娱乐活动。关于“笑酒”的来历是这样的：据传在炎黄帝时代，布努瑶的祖先九位父老与炎帝发生战争，一连战斗三天才凯旋归来，于是，大家杀猪宰羊，敲锣打鼓，饮酒欢歌，庆贺打仗胜利，称为“笑酒”，其内容是

欢聚一堂，庆祝胜利。[①] 又称从前有个女婿对岳父不尊重，后来，村寨的人商量后宴请那位女婿，在宴席上大家讲了羊骑狼的故事，讲了笑，笑了讲，旁敲侧击去挖女婿的坏根底，女婿终于想通了，认识到自己的错误并改正了过来。[②] 无论何种说法，“笑酒”实际上就是寓酒于乐，寓酒育人。“笑酒”分三个阶段，第一阶段是双方互相赞颂，第二阶段是共同评论时事、乡土轶事，第三阶段是善意批判对方。尤以第三阶段最为精彩，幽默、滑稽，令人捧腹大笑。双方乘着酒兴，以对方道德上的不良行为以及性情上的怪异现象作为批评的话题，但批评是善意的，也是含蓄的，如批判对方男女关系混乱时，唱道：“我家的火灶，后面长萝卜芥蓝；我家的水缸，旁边生菠菜葱蒜。左手右手随便掐，加油添醋一锅煎。哈哈，呵呵！不料火候太猛烈，一锅焦味臭熏天！”又如批判偷盗行为时唱道：“我的双手臂，生来长又长，我十个指头，长得尖又尖，不拿锄头不拔草，鱼肉烟酒有来源。哈哈，呵呵！只怕哪时运气坏，指头生疮喊爷娘。”[③] 以唱歌、欢笑、饮酒、舞蹈等形式来讽刺、批判和教育他人，将娱乐性与教育性相结合，寓教育于饮酒作乐之中，一方唱几句，大家欢笑一阵，畅饮一杯，歌舞一回；另一方对答几句，又大笑一阵，再痛饮一杯，歌舞一回。你唱我答，亦酒亦舞，如此你来我往，直至酒酣耳热，日头西坠，月上梢头。

有酒，还得有茶，茶是盛行于广西壮族自治区桂北兴安、灌阳、恭城、富川、龙胜等地瑶家的油茶。“一见客人来到家，架起铁锅煮油茶，炒得米花锅中跳，乐得主客笑开花。”瑶家的油茶不说煮而说打，那是因为瑶家专门用来制作油茶的工具较为特别，需要一只小铁锅，一把小木棰：锅口很小，约同大汤碗口，且锅口旁有一小歪嘴，便于

① 韦成球．广西西部瑶族笑酒规范钩沈．广西民族研究，1997（2）．

② 蒲朝军，过竹主编．中国瑶族风土志．北京大学出版社，1992：102～103.

③ 蒲朝军，过竹主编．中国瑶族风土志．北京大学出版社，1992：101～102.

倒茶；小木棰状如大小擀面棒，但前端有延伸出与于其相垂直的一小段，以之来敲打茶叶。茶叶须选用土茶，多以老叶红茶为主，用小木棰反复捶打，打实打透，方能打出油茶的风味。其制作方法是：先烧开水，架上茶锅，放少许生米炒熟，加些油盐，将事先用温水泡软的茶叶与蒜米、花生、生姜放入锅中，用小木棰搓捣，捣烂后冲上开水，稍煮片刻至滚沸，滤渣取汁，倒入事先放有葱花、米花、花生等物的碗中，即成油茶。茶色似咖啡，红绿点缀其中，香味四溢，诱人一喝为快。余渣再入锅，以同样的方法，可以打第二次、第三次，甚至第四次。一般第一杯稍苦，第二、第三杯最佳，民间有“一杯苦，二杯甲（涩），三杯才是好油茶”之说。喝油茶还要佐以各种小吃，如炒黄豆、炒（炸）花生、爆玉米、糯米饭团、糯米糍粑等。除了佐食，还要讲究喝的规矩，一般说来，油茶碗上只架一根筷子，意即这不是正餐，之后还有正餐要吃。因有“客人进屋三碗茶”的礼俗，三碗过后，如果不想再喝，就将筷子架在碗口上，双手将碗捧起，向主家辞杯。否则，主家看你没有辞杯，好客的瑶家会将油茶继续斟进你的碗中，一碗接一碗。瑶家一日三餐，皆打油茶，因此，瑶寨有“满寨油茶四季香”的美誉，常饮油茶，具有健脾养胃、提神醒脑的功效。打油茶又以广西恭城的油茶最为著名。

色香味俱全的油茶　（李桐摄）

据说当年乾隆皇帝下江南，沿途百官大献殷勤，山珍海味无尽献

田林大板瑶节日做五糯米饭招待远方客人　（李桐摄）

上，吃得乾隆茶饭不思，见食生厌，众御厨顿时束手无策，恐慌不已，这时一位恭城籍的御厨忽然想起家乡油茶的功效，就赶紧制工具，并做出一碗恭城油茶奉上御前，乾隆喝后顿时口舌生津，胃口大开，欢喜之下，御赐恭城油茶为“爽神汤”。从此，恭城“油茶”声名鹊起，芳名远播。所以，在春意盎然之际，或山寒地冻之时，三两亲朋好友，聚于瑶家，围坐一桌，红泥小炉，精致小锅，茶香飘逸，碰盏接杯，浓浓亲情，暖暖瑶山，此情此景，如此温馨，如此圆满。

瑶山是丰实的，大自然的恩泽，滋养了瑶族那勤劳、朴实、淳厚、智慧的风骨；瑶山也是醉人的，那是一种浸润心肺的醉，是一种让人流连忘返的醉，更是一种返璞归真的醉。所以，走进瑶山，你就会有一种候鸟的心情，今生今世，总在向往与留恋中往返。

第四节　丧葬习俗

因为爱这自然，爱这生命，爱这岁月葱茏的瑶山，所以，生于自然，归于瑶山，生死轮回，一切生命，在次第中绽放，也在次第中归隐。

瑶族相信，生与死，有着一个漫长的契约，中间相连的，是一个家。生的时候，要建造一个家，经营一个家，因为，家是生命的摇篮，是亲情的港湾；死的时候，是回家，是归途，是与先行的祖宗、亲人

相聚相会去了。所以，当一位老人去世，送其归山之后，是要摆长桌宴的，要拿出大碗的酒、大块的肉，招待来自四面八方前来送葬送行的客人。大家围坐长桌，吃着、喝着，互相敬酒，杯觥交错，谈笑风生，谈着老人一生的经历、故事，也讲述他们自己的人生，没有愁绪，没有悲伤，平平和和，也圆圆实实。

老人临终时，子女必须守护在身边，要喂老人一点温水，以示最后的敬意。同时要将一枚银元放进老人嘴中，俗称“含口钱”，意思是不能让老人空口而死，又说这样做才能使老人死后口“狠”，才不至于在阴间受到欺负。死后，要到河边“买水”给老人洗身。洗身时，龙胜一带的盘瑶要用白布蘸温水分别在死者的腹部、脊背、手等处各抹几下，在头上剃三刀，才给死者穿上寿衣、寿鞋，但寿衣忌穿双数，要穿单数。有的地方还要在寿鞋上套一双草鞋，寓意死者好行远路。而一些地方的瑶族还要在死者脸上用纸蒙住，并在双眼上各放铜钱一枚，意即使死者看不见阳间、只看到阴间。报丧时，各地也有不同的方式，如广西壮族自治区融水、田林、十万大山等地的瑶族在老人逝世后，要持枪对天空放三响，向寨中的亲友和乡邻报丧；南丹的瑶族则击铜鼓报丧；而十万大山的瑶族则用白纸绑在棍子上，在村里一户一户地跪拜，向村里人报丧，之后，各户就派一个人前去帮忙。入殓时，金秀的茶山瑶用白纱纸将一支新毛笔和几枝柳树枝绑在一起，蘸清水洒棺；在龙胜一带，则在棺外涂黑漆，棺内垫纸钱、白布；在全州东山一带的瑶族，入殓后要在棺上钉三颗寿钉，死者为男性的左一右二，女性的则右一左二，钉好寿钉后，还要钉子孙钉，男的钉在棺盖左侧，女的钉在右侧。出殡时，有“喊车”的习俗，即在棺材未出门之前，派一个人先行沿着棺材经过的路径进行“喊车”，沿途人家听到后，要马上关门，将死者的灵魂挡在门外，棺材抬过后才能开启大门。除了沿途叫喊外，“喊车”者还要手捧一盆白米饭，沿途抛撒，主

白裤瑶葬俗——打鼓为逝者超度　（李桐摄）

要是让沿途的孤魂野鬼吃了不来闹事，以免他们来“扑棺”。

瑶族的葬式主要有土葬、火葬、捡骨葬、岩洞葬、挂葬等，无论哪种葬式，都体现了瑶族那种“死去无所依，拖体同山阿”的生死轮回观念。或许，土为生命之源，死后也要皈依土地，瑶族大部分地区实行的都是土葬。

龙胜红瑶盛行掘洞而葬，在坡地上掘洞，将死者略摆成坐式放入棺材，然后在洞口前立碑立柱；南丹的白裤瑶则流行聚族而葬，每一个家族都有共同的墓地。当棺材抬至墓地后，先停放路边，母舅和其家人要先从棺材上跨过，方才挖穴垒坟，并用石块砌成正方形的墓门。此后，如家里人再有人去世，就在同地安葬，墓门并排成一直线，墓前树起一根柱子，柱子上挂上剥去皮肉的牛头和死者生前所用之物，如网袋、鸟笼、猎枪、牛角、烟袋、饭盒等。

火葬主要存在于盘瑶、蓝靛瑶和茶山瑶中。埋葬骨灰罐的地点是通过滚鸡蛋来选择的。首先师公将一个鸡蛋从山脚往山上抛去，鸡蛋在哪儿破裂，就埋在哪里，但该处要低于村子，否则会挡住村子。而这个埋葬地点，只有师公和女儿才知道，以免骨灰罐被人捣毁，死者的灵魂回来扰乱家人。捡骨葬又称二次葬，分停棺捡骨葬、浮厝捡骨葬及深埋捡骨葬三种形式，金秀花篮瑶采取的是停棺捡骨葬，出殡将棺材抬到山坡上并不急于下地埋葬，而是搭盖一个临时的茅棚，将棺材置放于棚中，两三年之后，待尸体腐烂了，才开棺将全副骨架捡出来，放入陶坛中，择地再葬。

茶山瑶火葬的木柴堆由逝者亲戚和村中各户人家献木一条组成 （李桐摄）

岩洞葬主要见于贵州省荔波县瑶麓乡的青瑶，白裤瑶也曾实行过这种葬式。人死后，将其棺材抬至洞内，堆放在本家族的墓地，不按性别、年龄、辈分，只知道家族墓地的地点，而不知道是哪口棺材。

挂葬主要是针对夭折的五六岁以下的小孩，主要流行于金秀茶山瑶。茶山瑶认为，小孩来到人间，是由一个管理生育的“花婆神”送来的，所以，待小孩长到五六岁时，父母要为其举行一种“还花”仪式，祭祀“花婆神”，而五六岁以下的小孩没有经过“还花”仪式，是不能实行土葬的，也不能实行火葬，所以只能实行挂葬，即用破棉絮和棕皮将其尸体包裹起来，放进竹篮里，经道公作法后，由父母送至深山老林，挂在树枝上，任其尸体腐化。据说，只有实行挂葬，待肉体腐烂后，小孩的灵魂才能回到“花婆神”那里，重新投胎，再由“花婆神”送到人间。

最庄严、最神秘，也最古老的，还是那广西壮族自治区南丹白裤瑶的砍牛送葬仪式。游走在南丹的里湖，那里，有飘逸得如花间精灵的穿白裤、着百褶裙的白裤瑶，还有那高山坳口、田垌坡地上迎风顶立的带角的牛额骨，就那样整齐地、雕龙画凤地钉在那竖起的杉木桩上，一排排、一列列，与天对视，与风交谈。这时，白裤瑶同胞会告诉你，那是他们祖先或家族的墓地，砍多少头牛，就要竖起多少根木柱，就要钉上多少对牛角。这是一种代代沿袭的传承，按照白裤瑶的习俗，一个人，当其年满 36 岁后，就能上宗台、供香火，所以，如果在这个年龄段或以上逝世，生者就要择日为其砍牛送葬，以示尊重、孝敬。

或许，生命是场艰苦漫长的修行，但无论生时如何阵痛，死亦回归圆圆实实。或许，尘归尘，土归土，赤条条来，赤条条去，源于自然，归于自然。既然有生，就会有死，只要，死者能够回归祖源，与先祖相亲相拥；只要，生者能够生息传承，如这青山绿水，不眠不休。

第八章

今日瑶山

“好老好老的瑶寨哟，你在好高好高的山上，好新好新的木楼哟，点起好亮好亮的电光；好香好香的春花哟，结出好甜好甜的酒果，好醉好醉的瑶歌哟，唱出好美好美的希望。哦！好一方瑰丽神奇的大瑶山咯！抓一把泥土会流油，插一根棒槌能把根叶长。好深好深的翠谷哟，捧出好久好久的矿藏，好宽好宽的森林哟，献出好多好多的栋梁；好长好长的火车哟，开进好新好新的瑶寨，好大好大的瑶山哟，变成好乖好乖的画廊。哦！一代代勤劳智慧的瑶家人咯！踏平了坎坷成大道，用背篓把幸福背进瑶乡。”悠悠岁月，沧海桑田，一曲《大瑶山放歌》[①]，正如阳光般，洒满了今日瑶山的峰峰谷谷；也如流水般，淌遍了今日瑶山的沟沟壑壑。而今日的瑶山，正洋溢着一种前所未有的力量，自信、自强、自豪。

第一节　一枝独秀的生态农业

“暖暖远人村，依依墟里烟。狗吠深巷中，鸡鸣桑树颠。”这是陶

① 李隆汉词，唐孟冲曲．大瑶山放歌歌曲，1998（4）．

渊明笔下平淡而又淳朴的田园风光，也是诗人向往的乡村生活，而瑶族向往的，则是那梦一般的远古故地——千家峒。

千家峒之所以让瑶族人民如此魂牵梦萦，是因为那是瑶族人民心目中的世外桃源，那里青山碧水，土质肥沃，良田万顷，人们生活幸福、安康。

而现实中，也有那样一个让世人陶醉向往的千家峒，那就是广西壮族自治区恭城瑶族自治县，一个位于广西东北部、桂林市东南面，总面积2149平方公里，全县辖3镇6乡117个村委会，总人口29万，其中农业人口24万多人，境内居住着瑶、汉、壮等12个民族，其中瑶族人口占总人口的58%的南疆小城，一个以生态农业而声名显赫的瑶族聚居地。

这里，聚居着瑶族的一个支系——平地瑶。平地瑶由盘瑶演化而来，至今依然保留着盘瑶的生活习俗，崇拜盘瓠，过盘王节，跳长鼓舞，他们一直认为，自己的始祖来自千家峒，千家峒是自己梦寐以求的祖源之地。因为居住在高山与平原交界的平地或山脚的平坝，所以叫平地瑶；所以，世代主要以稻作农业为主，善于种植烟草、水果等经济作物；所以，当记忆中的千家峒成为传说时，勤劳、智慧的平地瑶人，就在现实中营造了另一个千家峒。

作为一个传统的山区农业县，相对而言，恭城的土地并不肥沃，能源也不富足，但在当地党委、政府的正确指导下，全县人民因地制宜、因势利导，以发展生态农业为核心，经过30年持之以恒的发展，创建了享誉全国的“恭城模式”：全县人均种果面积、产量和收入均名列广西壮族自治区之最，农业标准化生产走在全区前列，成为广西壮族自治区第一个国家级可持续发展实验区，实现了经济、社会和生态三项效益的良性循环，被中外生态学家称为中国农村生态文明的典范。

恭城的生态农业，最初以建设沼气池为主要建设试点。20世纪70

年代末80年代初的恭城农村，由于日常生活生产燃料多以柴草为主，森林遭到过度砍伐，破坏了生态环境，造成了水土流失、溪河断流、自然灾害频繁的严重后果。为了解决农村的能源问题，保护森林资源，改善生态环境，1983年，恭城县以平安乡黄岭村作为试点，推广使用沼气技术。4年后，黄岭村的成功实践表明，使用沼气不仅可以省柴、省力、省钱，而且经济、方便、卫生，所以当地县委、县政府于1987年明确提出了“建设以沼气为纽带的生态农业县”的口号，在广西壮族自治区率先打出了建设特色经济的旗号。至1988年，全县已经建成沼气池4595座，为后来的沼气建设积累了经验，奠定了基础。在此基础上，县委、县政府因势利导，及时总结、推广群众创造成功的经验，提出了“一个沼气池带一个小猪圈、一个小果园、一个小菜园、一个小鱼塘”的“一池带四小”的庭院经济发展思路，在全县掀起大办沼气、大养生猪、大种果树、大种蔬菜、大养鱼苗的热潮，极大地推进了当地的经济发展，开拓了群众发家致富的新道路，使得农村贫困人口逐年减少。进入90年代以后，在以往的基础上，继续完善“养殖+沼气+种植”三位一体的生态农业模式，使生态农业逐渐突破了庭院经济的栅栏，步入规模化、基地化发展的轨道，形成了柑橙、月柿、沙田柚、桃李四大名特优水果生产基地，至2000年年底，全县水果总量、人均有果、人均水果收入已居广西壮族自治区第一。恭城的生态农业以其独特的良性循环体系被有关专家誉为“恭城模式”而闻名全国，在全区甚至全国推广。21世纪后，恭城生态农业的发展思路是加快农村能源规范化、生态农业产业化的进程，全力推进“富裕生态家园”建设和生态环境保护再上新的台阶。在沼气建设方面，一方面，推行新型自动化排渣沼气池和储气罐；另一方面，加快太阳能热水器产品的开发，实行多能互补，并在莲花镇红岩村、南山桥村等进行“规模养殖、集中建池、统一供气、市场运作”的试点探索。在种植方

面，推行无公害标准化生产，调整水果优势品种种植，引进名特优水果品种，创建绿色食品（水果）基地，建立水果示范标准化科技示范园、示范点。2008年12月，恭城县10万亩月柿和10.9万亩柑橙基地被国家农业部绿色食品管理办公室、中国绿色食品发展中心授予全国绿色食品原料标准化生产基地。在组织销售方面，组建农民经济合作社，进行出境水果果园注册登记，建立水果销售示范点等。在生产加工方面，引进了北京汇源、大连汇坤、润泽生物、汇昌纸箱等柑橙、月柿加工、包装企业等农产品加工企业。在生态环境保护方面，从2005年起，在全县范围内实施禁伐阔叶林，实施退耕还林和公益林工程，大力发展毛竹的种植。在养殖方面，重点抓好生猪的品种改良，同时大力发展草食动物。以发展沼气起家，大力推进种养殖产业，建设幸福美好生态家园，已经成为恭城人民共同的理想和追求。

经过近30年的坚持和不懈努力，恭城瑶族自治县的生态农业建设取得了巨大的成就，农民家庭经济收入大幅度增加，生活水平显著提高，城乡面貌焕然一新。2008年，全县农民人均纯收入4188元，农村人均住房面积30.03平方米，人均地方财政一般预算收入351.7元，均居广西壮族自治区12个民族自治县前列。作为水果生产大县，2008年，全县水果产量42 248吨，人均146公斤，均为全区之冠。从主要经济统计指标上看，恭城瑶族自治县已经由20世纪80年代广西壮族自治区经济社会总体发展落后的49个贫困县之一发展成为综合实力相对较强的少数民族自治县。基于其生态农业建设方面取得的巨大成就，恭城瑶族自治县获得一系列相应的荣誉称号，如“国家生态农业建设示范县”、“国家级生态示范区”、“全国农业（水果）标准化示范县”、“中国绿色农业示范县”、“中国月柿之乡”、“中国椪柑之乡”等。

到了恭城瑶族自治县，是一定要去一趟红岩村的。红岩村是一个瑶族聚居的村落，同时也是一个神奇而美丽的地方，一个四季如春、瓜果飘香的生态净地，一个美丽而又欣欣向荣的生态家园，一个山奇、水秀、茶香、情浓的人间仙境。

红岩村，距广西桂林市 108 公里，距恭城县城 15 公里，全村共 103 户，是一个集山水风光游览、田园农耕体验、住宿、餐饮、休闲和会议商务观光为一体的生态特色旅游新村，先后荣获广西壮族自治区“全区生态富民示范村”、广西壮族自治区农业系统“十佳生态富民样板村”、“全国农业旅游示范点”、“全国十大魅力乡村”、“全国生态文化村”、“中国乡村名片”等荣誉称号。

红岩村的发展，离不开生态农业的推动。20 世纪 90 年代以前，“靠山吃山，靠水吃水”也曾盛行一时，是典型的“吃粮靠返销、花钱靠贷款、生产靠救济”的贫困村。这是一种长期依附于自然环境而衍生的一种消极生存心态，需要有一种外力的推动，才能坚定群众改革创新的决心。90 年代以后，红岩村的群众牢牢抓住了发展生态农业这一政策与机遇，积极探索发展“养殖＋沼气＋种植”三位一体的生态农业模式，屋前屋后建栏养猪，家家户户兴建沼气池，上山下地垦荒种月柿，开始了生态建村、生态兴村的发展历程。这一历程，以种植月柿为最初的突破点。红岩村有种植月柿的悠久历史，至今，村里还有 400 多年的老柿子树。万亩月柿园，一片连一片，一山接一山，这就是红岩村的骄傲，也是红岩村幸福生活之源。去红岩村，最好的时间是金秋十月，这一时期，走进红岩村，那漫山遍野的月柿，尽情地敞开灿烂的容颜，笑迎四面八方来的游人；那家家户户的门前、堂屋、晒台，那柿果，或是晾晒的，或是串起，或是堆积的，一片片、一扎扎，在秋阳下金光闪闪，别具一番风情。如今，月柿种植及生产已经成为了红岩村的支柱产业，人均种果面积近2 亩，人均有果 6600 公斤，而人均收入也超过了万元。但有了生态农业，还得有生态旅游，这是一种相依相存、互为循环的发展模式。所以，从 21 世纪初起，红岩村

又开始了探索走生态旅游的路子，从开始的“养殖＋沼气＋种植”三位一体发展到“养殖＋沼气＋种植＋加工＋旅游”五位一体的生态农业模式，加大了水果的生产加工力度，加大了旅游环境的建设力度。如投资上千万元兴建瑶族风雨桥、滚水坝、梅花桩、观景台、灯光篮球场、游泳池、环形村道、旅游登山小道、月柿节主会场、停车场等旅游配套设施，并相继建成了80多栋独立别墅，共拥有300多间客房，50多家农家乐餐馆，基本形成了食、宿、行、娱、购、游相配套的旅游服务。在一切日趋成熟和完善以后，2003年，红岩村于当年“十一”黄金周正式推出了乡村生态旅游，以其独特的生态农业、秀丽的田园风光、浓郁的民族风情、精致的旅游服务，真诚、热情地迎接四面八方的游客，为远道而来的旅人，洗去旅途的尘埃，抚慰疲惫的心情，充盈休闲的世界。

所以，让我们选择在一个金秋的十月，卸下都市工作的繁杂，远离都市的喧闹，一起向广西恭城瑶族自治县进发，沉浸于人与自然的和谐中，去荡涤人世间的一切凡俗杂念。然后，在一片幽静而清新的乡土气息的簇拥下，到红岩村的月柿林中去栖息，到河边去垂钓，到田间去耕耘，到树下去对歌，到水中去嬉戏，到山上去观景；或在淳朴热情的瑶家品尝原汁原味的农家饭菜，或与友人款步于秀美的湖光山色中，或与爱人斜依小楼欣赏落日余晖，或与家人参与到温馨、古朴、浓郁的民俗风情中。这一刻，心是自然的，情是自然的，一切都融于自然，归于自然。

第二节　异军突起的特色产业

一方水土养一方人，同样，一方水土也孕育了一方经济。

如果我们在广西壮族自治区的6个瑶族自治县走一遭，就会发现，除了恭城的生态农业，还有巴马的“长寿”文化、都安的民族工艺、大化的水电与奇石、富川的特色农业、金秀的“山”字经特色经济等，各自撑托着地方的经济发展，又如此争奇斗艳。

到了巴马瑶族自治县，你总会听到各种不老的传说，生命，在这里尽情地展现了它的原质性和坚韧性。在巴马，流传着一个古老的故事，讲的是一位白发苍苍的老者在门口哀哀哭泣，路人问他为什么哭，老者说：“我惹父亲不高兴了，他打了我。”这不夸张，这是事实。曾经有一位记者到巴马给一位百岁老人一家拍一张全家福，待老人坐定后，看见一个白发苍苍的老太太站在一边，于是说：“阿婆，坐在凳子上。”老太太立马急了：“不敢当阿婆！”她怎么也不愿和老人坐同一条凳子。原来，老太太是老人的大女儿，七十多岁了，按当地的风俗，当父母坐着，子女是要站在一边的。人生七十古来稀，但在巴马，七十不称老，“不敢当阿婆”。因为百岁老人数量众多，早在1991年，设在日本东京的国际自然医学会就正式确认巴马为继前苏联的高加索、巴基斯坦的罕萨、厄瓜多尔的比尔卡班巴、中国的新疆之后的世界第五个“长寿之乡”。① 借助“长寿之乡”的资源，自20世纪八九十年代起，善于抓住机遇的巴马人就有意识地围绕着“长寿”题材做文章，倾力打造“长寿”产业。经过近二十年的努力，巴马围绕“长寿之乡”题材打造的特色经济已经初具规模，成为县域经济发展的支柱产业之一，涵盖了旅游和食品两个领域。在长寿旅游方面，开发出了“长寿峰林峰丛群”、“长寿岩溶洞穴群”、“长寿河”、“长寿湖”、“长寿泉”、“长寿瀑布”等一系列独特的旅游资源，水晶宫、百魔洞、百鸟岩等已经成为广西境内的热门旅游景点，吸引着越来越多的国内外旅客前来旅游观光。2011年，巴马全县接待国内外游客176.5万人次，实现旅

① 《巴马瑶族自治县概况》修订本编写组．巴马瑶族自治县概况．民族出版社，2008：206.

游社会总收入 13.41 亿元，[1] 两项指标均居广西民族自治县的前列。在长寿食品方面，经过不同学科、不同部门科研人员对巴马长寿资源的跟踪、调查及对比研究，人们发现了一系列富有地方特色、有利于人类延年益寿的食（饮）品、食谱，如盘阳河流域出产的玉米、粳米、猫豆、黑豆、魔芋、南瓜、茶油、火麻、绞股蓝、香猪、山羊、油鱼、蛤蚧等，其所含人体所需要的维生素、氨基酸和植物纤维等都高于其他地区，它们大多已经被作为长寿食品开发了出来，形成了“巴马矿泉水”、“巴马腊香猪”、“巴马火麻油”等一系列的长寿食品品牌，深受广大旅游者和消费者的青睐，具有较高的知名度、美誉度和较强的市场竞争力。

走进都安瑶族自治县，去欣赏瑶乡人民的竹藤草芒编织。都安地处喀斯特岩溶山区，山多地贫，但漫山遍野却生长着低矮、细长而又弹性好、韧性足的竹藤草芒类植物，于是，心灵手巧的瑶族群众就地取材，利用竹藤草芒做材料编织各种实物，但大多都是自用的，即使有所销售，也只是零星的，多限于县域内。竹藤草芒编织工艺的出名，来源于一顶竹通帽。1972 年，美国总统尼克松访华，回国时，带回了一顶都安地苏生产的竹通帽，由此掀起了一股竹通帽编织、销售的热潮，都安竹藤草芒编织因而声名显赫。改革开放后，特别是进入 20 世纪 90 年代后，竹藤草芒编织工艺得到了迅速发展，这一时期，竹藤草芒编织企业的数量、从业人员、编织品种、生产规模、产值利润等均得到了大幅度的增长。2003 年，都安瑶族自治县被中国品牌宣传保护委员会评为“中国竹藤草芒编织工艺品之乡”。至 2008 年，全县有较大规模生产经营竹藤草芒编织的企业 25 家，其中有自营出口权的 8 家，当年出口额为 1.035 亿元，实现税收 0.88 亿元。

除了竹藤草芒编织，都安还是“野生葡萄酒之乡”。还是那石山，

---

① 2012 年巴马瑶族自治县政府工作报告.

都安瑶族自治县竹编产品　（李桐摄）

那一丛丛、一扎扎的野生葡萄，自然生长，无化肥、无农药、无工业污染，为制造野生葡萄酒提供了优质的原料。早在 20 世纪 80 年代，都安就建立了山野葡萄酒厂，生产的“瑶岭”牌野生山葡萄酒色泽宝红，澄清透明，果香清雅，酸甜醇美，口感柔和，回味悠长，先后荣获 1993 年国际名酒香港博览会金奖、1996 年法国巴黎国际名牌产品金奖、1996 年第二届澳门国际爱迪生发明金奖、1999 年国家优质产品和中国公认名牌产品等荣誉称号。此外，都安倾力打造的“龙凤”牌书画纸，纸质洁白轻韧，吸墨均匀，宜书宜画，于 1990 年荣获第五届亚太博览会金奖，产品远销日本、新加坡、韩国、泰国、马来西亚等 20 多个国家和地区。

大化瑶族自治县于 1988 年建立，是广西壮族自治区最年轻的县份，其建县与“电站”存在着千丝万缕的联系，素有中国“水电之乡”

的美誉。以水电起家，依水电发展，水与电，是大化发展不可缺一的要素。大化有两大水电站，一是大化电站，二是岩滩电站。自建县之日起，就确立了依托两大水电站和丰富的水电资源进行城乡规划和经济发展的指导思想。在城乡规划建设上，将县治选择驻大化电站所在的大化镇，在岩滩电站所在地新增一个乡级行政建制——岩滩镇。在经济发展上，重点扶持与水库、电站相关的产业，如利用两大水电站建设形成的广阔库区发展渔业，利用库区的旖旎风光发展旅游业，利用丰富的电力资源进行钛铁、辉绿岩、铝土、硅等矿产品的开采、加工等。经过 20 多年的持续不断的努力，大化依托水、电进行的城乡规划建设、经济发展等均取得了显著成果，大化镇已经由当初的蕞尔小镇迅速发展成为一个有近 10 万人口、楼宇林立、街道整洁、交通发达、功能齐全的区域重镇；岩滩镇则由红水河边一个默默无闻的偏僻乡村发展成为一个初具规模的工业重镇。渔业生产从无到有、从小到大，在农业生产中所占比重大幅提升，如 2008 年全县渔业产值就超亿元，产品远销云南、贵州等地。伴随着水电产业而产生的，还有大化的奇石产业。石头，是地球最忠诚、也最坚韧的守护者、见证人，虽岁月流逝，世间万象如过往烟云，但石头汲取万物精华，凝聚山川灵气，与日月同辉，与天地同寿。所以，石头中的观赏石，就被誉为立体的画、无声的诗，素有“园无石不秀，斋无石不雅，厅无石不华，居无石不安”的说法。大化的观赏石，产于岩滩水电站下游红水河段，生成于二叠系约 2.6 亿年前，其中的彩玉石，色彩斑斓、石质坚硬、石肤腻透、富有宝气、形态万千，自 1998 年面世以来，就深受国内外奇石爱好者和收藏家的青睐和喜爱，为国内石展的主导石种之一，并在国内相关展览中屡获金、银、铜奖。2007 年 9 月，中国观赏石协会授予大化“中国观赏石之乡”的荣誉称号，并于 2009 年 9 月成功举办了首届奇石文化旅游节，助推了当地经济社会的发展。

大化红水河奇石——蛙 （李桐摄）

富川瑶族自治县最初的、最传统的特色产业是烤烟。早在20世纪80年代，富川就根据当地土质、气候适宜烤烟生长、群众素有种植烤烟习俗的实际，决定在烤烟上做文章，大力发展烤烟种植，并建立了富川卷烟厂。由于产业选择的惠及面广，效益好，产品适销对路，八九十年代，烤烟种植和卷烟生产得到了迅速发展，并很快成为富川的重要支柱产业。脐橙种植是富川特色农业的另一个生产门类。富川脐橙具有个大、皮薄、色好、肉细、味甜的特点，1995年，获得中国第二届农业博览会金奖；2001年，获得国际农牧业科技成果推广博览会金奖；2002年，“富江”牌脐橙和富川蜜柑分别被评为广西名牌产品和优质产品。为了做大做强脐橙产业，富川县一方面制定具体发展规划，在全县范围内大力推广种植；另一方面加大对外宣传力度，扩大富川脐橙的知名度，通过举办脐橙节、展销会等多种形式招揽外地客商，促进脐橙销路，增加果农收入。在一系列卓有成效的政策和措施的引导和推动下，群众种植脐橙的积极性空前高涨，全县脐橙的种植面积、产量也在持续增加。2011年，全县新种脐橙两万亩，脐橙总面积达到23万亩，全县水果面积达38万亩，[①] 均居广西首位。目前，富川已成为广西壮族自治区最大的优质脐橙基地县，被国家农业部确定为全国柑橘生产优势产业基地县。

金秀瑶族自治县原名大瑶山瑶族自治县，是我国成立最早的瑶族自治县。地处大瑶山，以山名为县名，突出了金秀与山的不解之缘。

① 2012年富川瑶族自治县政府工作报告.

金秀境内峰峦叠嶂，溪壑交错，仅海拔1300米以上的山峰就有60余座，山地面积占据了全县总面积的90%，所以，“靠山吃山”就成为当地瑶族发展经济最突出的特点。自古以来，瑶族群众以垦殖山地、种植山地作物和经济林木、采育林副产品维持本民族的生产与发展。20世纪八九十年代后，金秀紧紧围绕“山”字做文章，做大做强地方特色产业，形成了以八角、茶叶、灵香草、绞股蓝、香菇、木耳、竹笋等林副产品种植、培育为主要内容的一系列山区传统产业。

金秀茶山瑶开垦山地种茶发展经济 （李桐摄）

同时，还根据现代经济的发展特点和山区的资源优势，重点打造和建设两个新的“山”字经特色产业——旅游业和小水电业。金秀依托大瑶山的资源优势，重点打造了“圣山、圣水、圣都”的中国瑶都形象，从2003年起，投资1200万元，建设了圣堂山、莲花山、银杉公园等景区，其中莲花山景区于2006年被评为国家3A级风景区，于

2010年通过了国家4A级验收。目前，以峻险奇雄的自然风光、自然怡人的避暑气候、新颖浓郁的民族风情为主题打造的大瑶山风情游在区内外已初具规模，并已名声在外。2011年，全县接待国内外游客80.29万人次，旅游总收入3.24亿元。[①] 大瑶山是广西最大的水源山，素有“绿色水库”之称，年蕴藏水量达25亿立方米，经29条溪流呈放射状流经周围7县，汇入柳江、浔江、桂江等河流，水能资源丰富。自20世纪90年代以来，这些水能资源逐渐得到开发利用，山区潜在的资源优势逐渐转化为现实的产业优势、经济优势。至2008年年底，全县建成小水电30余座，总装机容量14.8万千瓦，小水电已经一跃成为金秀地方工业的重要产业。

巴马县东山瑶族村寨水库　（李桐摄）

实际上，以上也只是一些瑶族聚居区的特色产业概况，虽然不能以偏概全，但也可以通过一斑而窥见全貌。或许，这里的本质不在“产业”，而是在“特色”，这是瑶族那种顺其自然、随遇而安的民族品

① 韩定宏．金秀：60周年沧桑巨变 千年瑶乡谱新篇．广西新闻网，2012年5月15日．

性。正是这种品性，使得瑶族无论迁徙何方、流浪何方、栖息何方，都能顺山顺水、顺意顺境，以自己独特的生活观念、生存韧性以及发展态势，既特立独行，又相交相融于中华民族大家庭中。

第三节　瑶乡巨变

2012年，第四届全国少数民族文艺汇演在北京举行，广东代表团的大型瑶族音舞诗画《瑶山随想》为人们描述了这样一个场景：瑶山云雾袅绕，大山巍然屹立。崇岭之间，云霞之中，一条穿山越岭的高速路，如彩带般从远方铺来，引发了青年瑶族儿女无限遐想，他们的梦儿飞向远方，他们的心儿飞向远方。于是，他们沿着这条长长的彩带，带着亲人的期盼，带着大瑶山的寄托，扑进新的生活，寻找新的梦想……

这是一种诗意的描述，所反映的却是瑶乡现实生活中实实在在的巨变：铁路、公路、高速路，如一条条彩带，将深山瑶寨与外面世界紧紧地连接在一起；自来水、电灯、电视、手机、电脑、互联网，现代化的生活方式已经深深地融进了瑶乡的村村寨寨；而以年轻人为主体的新一代瑶山人，正意气风发地走下那千山万弄，走进城市，走向远方，自信、自豪地实现自我价值。

这在新中国成立以前是不可想象的。记忆中的瑶族，总是迁徙，再迁移；总是流离，再流离。如果我们去翻阅瑶族那充满艰辛与血泪的迁徙信歌（信歌是瑶族一种独特的歌谣，即用歌谣来写信，以歌代信。迁徙信歌主要内容是讲述迁徙原因、路途艰难、途中见闻、迁徙路线以及新迁地的人物风貌等），我们就会深切地感触到瑶族那历史深处苦难的、痛楚的神经：“一遍（片）乌云四片慌，大朝众娥共商量；齐共商量了，渐了受（就）离乡；得见大朝官反烂，十分难住又难安；

出路无盘费，也着走交枝（趾）；……坐落大朝多愁忆，年年辛苦那罗离；也无收，夫妻男女泪双流；不如齐到交趾国，逍遥快活那罗离；不奈何，铜钱又着铁钱墨；齐心行到交枝（趾）国，黎殿京上那罗离；去求官，求得官多立县门；众人立州又立县，做官做府那罗离；得太平，多见瑶官立县门；大朝申酉年间出贼盗，劫村劫寨那罗离；不太平，人民告状入州门；官府出差捉贼盗，贼人走散那罗离；害人丁，有理无钱审不清。"[①] 一首《交趾曲》，反映了清朝时期瑶族人民不堪动乱造成的苦难，背井离乡迁往越南的情景。另一首《元国歌》更是心酸回忆了瑶族人民在国内时地方动乱，盗贼纷起，生活贫困，以野菜充饥，度日如年的状况："每天中国地方乱，空音一时日算日；时算一时日算日，日过日头年过年；念到卡罗（卡罗：以前，或古时）元国地，空听人传音啼（音啼：住哪里，或在哪里）咧；卡罗元国地方乱，度失散离五万三；盘古子孙夫愁过，真是愁咧亲马知；卡罗夫音元国地，不知拆离到广西；夫音广西度官管，每日收银捉官兵；……买得头牛类（类：来）到屋，度贼类后来拉宁；叫命雷咧怨已怨，作赖愁门苦命雷；仔音屋儿能（能：米饭）饭吃，能又马乃（马乃：没有）他赖咧；捻刀出门罗菜吃，菜也马乃苦命雷；宁挖野齐胫又长，挖到野齐又格石；正月挖齐到五月，齐运生苗心里愁。"[②]

或许，每一次迁徙流离，都有一个曲折绵长的动因，但苦难、贫穷、落后，一直都是萦绕在瑶族心头的、挥之不去的酸楚。只有新中国成立后，瑶族才真正找回了自己的根，找到了自己的本原，也找到了自己发展的原动力。在政治上，1952～1990 年，全国先后建立了金秀、连南、江华、都安、巴马、河口、乳源、富川、大化、恭城 10 个

① 广西壮族自治区编写组．广西瑶族社会历史调查．广西民族出版社，1984：286～287.

② 李增贵．瑶族《元国歌》．广西民族学院学报，1986（4）.

瑶族自治县，连山、龙胜、金平3个包括瑶族在内的民族自治县以及113个瑶族乡；在经济上，据广西壮族自治区金秀、都安、巴马、富川、大化、恭城等6个瑶族自治县的综合经济实力统计：2008年，社会生产总值为149.4653亿元，占自治区生产总值的2.08%，同比增长13.70%，高于自治区0.9个百分点。[①] 同时，还逐渐形成了“长寿之乡”、“月柿之乡”、“观赏石之乡”、“椪柑之乡”、“编织之乡”、“油茶之乡”、“蚕丝之乡”、“刺绣之乡”等独具特色的地方产业群；在文化上，不仅编辑出版了《中国少数民族·瑶族》、《瑶族简史》、《瑶族语言简志》、《瑶族社会历史调查》、《瑶族自治县》五套丛书，还出版了《瑶族通史》、《瑶族文学史》、《瑶族史》、《瑶族传统文化变迁论》、《瑶族文化概论》、《现代瑶语研究》等学术专著，另外，极具特色的盘王节，至2010年已经举办了十一届，它不仅是南岭地区一个盛大的传统佳节和独具风采的文化活动，而且也是一个集经济、旅游、贸易等于一身促进区域间合作与发展的平台，成为全国乃至全世界瑶族的盛会……新时代的瑶族，已经越来越自信，越来越自豪，因为，迁徙流离已经成为过去式，安居乐业已经成为了生活的常态。

数据是枯燥的，但其中的内涵却是活跃的、丰富的、充实的。从这些数据中，我们看到了瑶区群众的生存韧性、发展热情以及对未来美好生活的真诚、积极的渴求。愈苦难，愈坚韧；愈艰辛，愈顽强；愈发展，愈求精。这就是瑶族对生命、生存、生活的一种质朴而又深邃的诠释。

登录完以上数据，看着那些跳跃的文字，我的思绪又回到了熟悉的瑶山，那热情洋溢的笑脸，那漫山遍野的歌声，那甘洌醇香的美酒，那笔直宽敞的道路，那雕梁画柱的建筑，那热火朝天的劳动场面，所

---

① 卢献匾主编．2009年全区民委系统重点课题调研报告汇编．广西壮族自治区民族事务委员会，2010.

有的一切，正欢呼雀跃地向我走来，与我相拥相抱。我知道，这就是瑶族的世界，也是瑶族的未来。

欢迎再来瑶家做客 （李桐摄）

尾　声

永远的瑶山

在瑶山，生命是有排序的，这就是辈行制。

瑶族的命名，都有固定的取名用字。字，是由祖宗或族中长老选定的，并写入家谱传承，具有权威性，一代一字，世次分明，井然有序，代代沿袭。

所以，无论是迁居万山，还是淌涉千水；生疏的，或者是熟悉的；远亲的，还是近邻的，只要有名有姓，就能根据字辈命名，明辨长幼，寻根问祖。

所以，从九黎三苗的记忆，到蛮夷莫徭的足印，再到“猺”、“瑶”称呼的蜕变，其中一脉相承的，永远是盘王的根源，永远是密洛陀的血脉。

所以，那五月的山，十月的天，才如此欢歌笑语，如此如火如荼，如此高亢激越。

于是就有人说，瑶山是沉默的，亿万年的沉积，使之自然雄浑，深邃如哲。

也有人说，瑶山是深厚的，那嶙嶙峋峋的山势，那密密麻麻的纹络，镌刻的，是瑶族那悠长绵延的历史。

更有人说，瑶山是活跃的，那深扎于其雄阔胸怀的瑶族子民，总是如树般矗立挺拔，如风般自由驰骋。

莽莽群山，既孕育着生命，也孕育着希望。

一切生命，都因山而徙，因山而长。

或许，迁徙，再迁徙，是为了走出瑶山。

或许，漂泊，再漂泊，是为了寻找下一座瑶山。

起点为山，终点也为山。

因为，对瑶族来说，瑶山是一个圆，圆圆实实，无论情归何处，魂落何方，瑶山都是最终的皈依。

因为，瑶山是祖源之地，是族脉绵延之初，是宗族成长的摇篮，是聚族而生的世外桃源。

因为，族与山，已经相交相融，胶结一体。

"我脚下的大山，是我生命的土地，我身边的清流，是我民族的延续……"这一刻，那熟悉的歌声又掠过山巅，扬过林梢，滑下溪涧，清脆、空澈、激越。

这一刻，或是扎根坚守的，或是启程远行的，或是漂流异乡的，都会驻足，都会倾听，都会冥想。

这是一种血缘的召唤，一种催归的声音，一种凝聚的号角。

因为：

瑶山，是永远的根。

瑶山，是绵延的源。

瑶山，是亘古的传承。

后记

有关瑶族的史料、著述、论文、文章是非常多的，因此，要写一本关于瑶族的知识读本，应该不难。但要用文学的语言，将瑶族的历史源流、发展过程、传承现状等一一描述出来，这注定将是一件苦差事。

因为，很多时候，一个民族的历史与现状，不能粉饰，需要客观叙述，需要简洁明了，需要脉络清晰；但文学，则需要想象，需要发挥，需要浪漫主义的色彩。当历史与文学在这本小册子里不期而遇，考验我们的，不仅仅是知识、能力，还有耐性。

所以，我们尽量不去拆分历史，不去粉饰现实，只是如实地去阐释一个民族的产生、发展、演化的过程，尽量给读者展示一个民族生产、生活、生存的场景，原汁原味，真实客观。

但我们也会融进自己的一些情感、一些随想。毕竟，生于民族地区，长于民族地区，工作于民族地区，对于民族，总会有所感悟，有所启发。

这就使得我们在写作的过程中，一方面，认真翻阅典籍资料，如实记述；另一方面，又将自己的思想融入字里行间，记录我们的情感轨迹。

所幸的是，以上的疑惑、困难、问题我们都一一克服了。

今天，呈现在读者面前的这本薄薄的册子，虽粗糙，但也经历过分娩的阵痛，融合进了我们的真情实感，其中的纰漏与错误，还有待于读者们的批评与指正。

最后，感谢广西民族问题研究中心的黄润柏、袁丽红、李桐等，他们不仅参与了提纲的草拟与讨论，还提供了大量的参考资料。特别是李桐，为本书提供了精美的照片，这些照片都是他长年累月深入民族地区拍摄得来的，有了他的辛苦劳动，才使这本小册子真正做到了图文并茂。

俸代瑜　黄仲盈